中国有色金属工业协会专家委员会组织编写

有色金属系列丛书

# 中 国 铜 业



北 京
冶 金 工 业 出 版 社
2014

# 内容简介

本书共分为七篇，系统地介绍了国内外铜业的相关情况，其中包括铜的发现和古代铜的冶炼、铜的性质和用途、铜资源的种类与分布、铜的提取与制备、铜市场分析、铜产业情况等诸多方面的内容，另外还对国内外主要铜生产企业做了简要的介绍。

本书力求所述相关知识全面、准确、通俗易懂，给广大从事铜冶金业相关行业的人员提供参考。

**图书在版编目(CIP)数据**

中国铜业/中国有色金属工业协会主编．—北京：冶金工业出版社，2014.1

（有色金属系列丛书）

ISBN 978-7-5024-6432-5

Ⅰ.①中… Ⅱ.①中… Ⅲ.①铜—有色金属冶金—冶金工业—中国 Ⅳ.①F426.32

中国版本图书馆 CIP 数据核字（2013）第 286302 号

出 版 人　谭学余
地　　址　北京北河沿大街嵩祝院北巷 39 号，邮编 100009
电　　话　(010)64027926　电子信箱　yjcbs@cnmip.com.cn
责任编辑　李　臻　美术编辑　彭子赫　版式设计　孙跃红
责任校对　李　娜　责任印制　李玉山
ISBN 978-7-5024-6432-5
冶金工业出版社出版发行；各地新华书店经销；三河市双峰印刷装订有限公司印刷
2014 年 1 月第 1 版，2014 年 1 月第 1 次印刷
148mm×210mm；4.125 印张；80 千字；114 页
**16.00** 元

**冶金工业出版社投稿电话：(010)64027932　投稿信箱：tougao@cnmip.com.cn**
**冶金工业出版社发行部　电话：(010)64044283　传真：(010)64027893**
**冶金书店　地址：北京东四西大街 46 号(100010)　电话：(010)65289081(兼传真)**
（本书如有印装质量问题，本社发行部负责退换）

# 《有色金属系列丛书》
# 编辑委员会

# 序

为适应有色金属工业发展的需要，普及和提高有色金属知识，提升全国有色金属战线广大干部职工的思想业务素质，促进我国从有色金属生产大国向有色金属工业强国的转变，中国有色金属工业协会组织编写了《中国铜业》等《有色金属系列丛书》（共 21 本）。《丛书》集中了全行业的智慧和力量，汇集了当今中国乃至世界有色金属领域的最新知识和信息，深入浅出，通俗易懂，融知识性、实用性为一体，是社会各界学习和提高有色金属知识的好教材和实用工具书。

有色金属是经济社会发展必不可少的基础材料和重要战略物资。有色金属作为功能材料和结构材料而广泛应用于人类生活的各个领域，成为当今高新技术发展和国防军工的重要支撑。有色金属的生产和消费水平已经成为衡量一个国家社会进步的重要标志。

中国是生产有色金属品种最全的国家，门捷列夫化学元素周期表中的64种元素的有色金属都能生产。中国是世界生产和消费有色金属最多的国家，到2011年十种有色金属产量已达3438万吨(快报数)，连续10年位居世界第一，年消费有色金属已达3580万吨以上，连续9年位居世界第一。目前全国已有有色金属企业、事业单位3万多家，就业人员360多万。

有色金属涵盖的金属品种多。在元素周期表中，除了黑色金属铁、锰、铬，锕系和超锕系放射性金属元素外，余下64种都为有色金属元素。有色金属成矿条件复杂，矿床类型多样，矿体形态变化大，元素组合多样，勘探难度大，而且需要综合勘探、综合评价。有色金属结构复杂，多种矿物相嵌共伴生关系密切，选矿和冶炼的技术、装备复杂，工艺流程长。有色金属应用领域广，用途千差万别，材料的研制和加工复杂。有色金属元素在原矿中含量低，富集比都在几十、几百、几千甚至几万以上，导致在采矿、选矿和冶炼过程中固体废物多，节能环保压力大，工艺技术复杂。综合上述不难看出，有色金属产业是固体矿产资源开发利用领域最复杂的产业，有色金属知识领域宽广、博大精深。

建设现代化的有色金属工业强国是全行业360多万职工为之奋斗的目标。我相信，《丛书》的出版发行，对增进全社会对有色金属工业的了解，推动全行业广大干部职工学习和掌握有色金属知识必将发挥积极重要的作用。让我们行动起来，为促进我国有色金属工业的持续、稳定发展，为实现有色金属工业发展的既定目标而奋勇前进。

中国有色金属工业协会会长 陈全训

2012年8月于北京

# 前　言

铜是人类最早使用的金属。早在史前时代，人们就开始采掘露天铜矿，并进行冶炼，提取其中的金属铜，用于制造武器、工具和其他器皿，铜的使用对早期人类文明的进步影响深远。铜是一种存在于地壳和海洋中的金属，其中在地壳中的含量约为0.01%，在个别铜矿床中，铜的含量可以达到3%～5%。自然界中的铜，多数以化合物即铜矿物形式存在。铜矿物与其他矿物聚合成铜矿石，开采出来的铜矿石，经过选矿或湿法冶金等手段而成为含铜品位较高的铜精矿或中间产品，再经过进一步的冶炼过程生成精炼铜，即纯铜，也叫紫铜。

由于铜具有良好的导电性和导热性，经过加工后，成为现代电力、电子设备中不可缺少的功能材料，广泛应用于电力、家电、建筑等领域，并且为当代高科技产业发展提供了重要支撑，在中国有色金属材料的消费中仅次于铝。

随着中国经济的持续快速发展，国内市场对包括铜在内的各种原料需求不断增长。20 世纪 90 年代以来，中国铜的产品产量及需求量增长逐渐加快，2000 年以后呈现快速增长态势。2012 年中国精炼铜产量达到 582.35 万吨（快报数），是 2000 年的 4.2 倍，占全球铜产量的 29%，是世界第一大精炼铜生产国；据初步估计，2012 年中国精炼铜消费约 780 万吨，是 2000 年的 4.2 倍，占全球份额的 38%，已连续 10 年位居世界第一位。中国是近十年来全球铜产量及消费量增长最快的国家。

中国铜工业经过几十年的发展，在产业规模、产业结构、技术装备、节能减排、淘汰落后、海外资源开发等方面都取得了较大的进步，但是伴随铜工业的快速发展，也带来了一系列的问题，国内铜资源短缺日益突出，产业结构失衡。

同时，作为大宗工业原材料的铜，被市场赋予双重属性——商品属性和金融属性，使得铜期货市场成为投资者、投机者追逐盈利的平台。铜的商品属性反映了铜市场供求关系的变化对价格走势的影响，而金融属性则主要体现为投资者或投机者利用金融杠杆来进行投机炒作的市场行为，影响价格的变化。通常情况下，期铜体现其商品属性，但在特定的历史时期和铜价运行的某个阶段，期铜的金融属性则可能发挥重要的作用，甚至是主导作用。最近的例子是，2008年底爆发的金融危机，各项经济数据下跌，铜价短期下跌后却逆势上扬，这也使人们感到铜价变得有些“难以捉摸”。

为了更好地服务那些想了解铜产品、铜行业、铜市场等相关知识的人们，本书将通过深入浅出的文字图画，向读者全方位地介绍铜的相关知识，希望读者能够通过阅读，获得有价值的信息，增长相关知识，正确认识中国铜工业的发展现状。

由于本书编撰时间有限，书中难免有不妥之处，敬请读者谅解。

编　者

2013年9月

# 目　　录

# 第一篇

## 铜的发现和古代铜的冶炼

铜，COPPER（源自 Cuprum，是以产铜闻名的塞浦路斯岛的古名），早为人类所熟知，是在古代就已知道的金属之一，中国在新石器时代晚期开始使用。甘肃的武威、永靖和河北的唐山等地的古文化遗址中均发现红铜器物。夏代（公元前 21 世纪～公元前 16 世纪）便进入青铜时代。迄今考古发掘所得中国最早的炼铜竖炉遗址，即湖北大冶铜录山的古矿冶遗址，时间为春秋时期（公元前 770 年～公元前 476 年）。当时的工艺是采用孔雀石（图 1-1）为原料，木炭为还原剂，通过火法鼓风熔炼得到高纯铜（图 1-2）。中国也是世界上最早使用湿法（胆铜法）炼铜的国家，在北宋时

图 1-1　孔雀石

图 1-2 古人用竖炉炼铜模拟图

期已用湿法（胆铜法）生产铜（图 1-3），这种方法是把铁放在胆水（硫酸铜水溶液）中，铜离子即被铁所取代而使铜沉淀。

图 1-3 中国古代胆铜法生产铜模拟图

青铜是铜和锡的合金，因为颜色青灰，故名青铜。由于青铜的熔点比较低，约为 800℃；硬度高，为铜或锡的 2 倍多，所以容易熔化和铸造成型。青铜时代初期，青铜器具密度较小，以石器为主；进入中后期，密度逐步增加。自从有了青铜器和随后使用量的增加，农业和手工业的生产力水平提高，物质生活条件也渐渐丰富，青铜铸造术的发明，与石器时代相比，起了划时代的作用。

世界上最早进入青铜时代的是两河流域和埃及等地，开始于公元前 3000 年。图 1-4 是中国商代司母戊大方鼎的照片。

图 1-4　中国商代司母戊大方鼎

# 第二篇

# 铜的性质和用途

## 第一章　铜的主要性质

铜的化学符号是 Cu（拉丁语：Cuprum），相对原子质量：63.546，是一种过渡金属。铜是呈紫红色光泽的金属，密度 8.96g/cm$^3$，熔点(1083.4 ± 0.2)℃，沸点 2567℃。铜是优良的导电体和导热体，电导率为银的 94%，电阻率（20℃）为 $1.75 \times 10^{-8}\ \Omega \cdot m$，热导率（0 ~ 100℃）为 397W/(m·K)，为银的 73.2%，所以在电力行业和空调制冷行业得到广泛应用（图 2-1）。铜在干燥空气中不氧化，

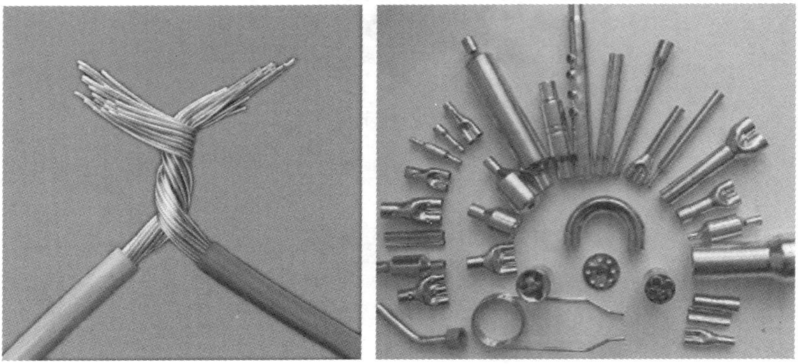

图 2-1　铜芯导线和铜空调配件

在含有二氧化碳的潮湿空气里表面生成一层绿色的碱式碳酸铜 $Cu_2(OH)_2CO_3$，叫铜绿。

# 第二章　铜的主要用途

古往今来，铜都是用途较为广泛的有色金属。铜可以与锌、铅、镍、铝和钛组合成合金。铜及其合金被广泛地应用于电器、机械、车辆、船舶工业和民用器具等方面，是现代工业、农业、国防和科学技术不可缺少的金属。据中国有色金属工业协会(以下简称“有色协会”，英文简称“CNIA”)统计，2012 年中国表观铜消费量 894 万吨，其中精炼铜消费 780 万吨，主要的用铜行业为电力、电子通讯、日用消费品、机械制造等(图 2-2、表 2-1)。

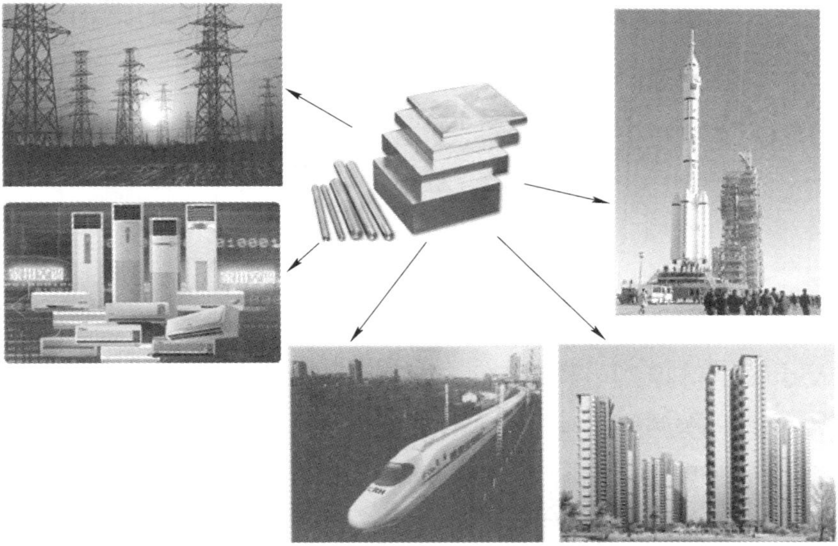

图 2-2　主要用铜行业

**表 2-1 2011 年主要用铜行业消费结构**

| 序 号 | 用 铜 行 业 | 比例/% |
|---|---|---|
| 1 | 电 力 | 41.21 |
| 2 | 电子通讯 | 15.28 |
| 3 | 日用消费品 | 15.33 |
| 4 | 机械制造 | 10.79 |
| 5 | 交通运输 | 6.90 |
| 6 | 建筑业 | 3.46 |
| 7 | 其 他 | 7.03 |

注：资料来源于 CNIA。

（1）电力行业：由于铜具有良好的导电性，制作电线电缆耗铜量约占电力行业的 80% ~85%，其余的用于制造发电设备、电动机、变压器、电工器件等。电气行业年均耗铜量占中国铜消费量的 40% 左右，是中国最大的铜消费行业，这与西方发达国家以建筑行业为主不同。

（2）电子通讯：电子行业是中国新兴产业，包括广播通讯、电视、电子计算机、雷达、电子元器件等行业，使用大量精细的铜、铜合金及加工材，耗铜量增长迅速。电子行业年均耗铜量占 16% 左右，是中国第二大铜消费行业。

（3）日用消费品：包括冰箱、空调、洗衣机、电风扇及小家电等家用电器制造，炊具、门锁、水具、文教体育用品、工艺美术品、衡器、小工具等家用五金制造，玩具制造，家具制造，自行车及其零配件制造，服饰装饰制造等。日用消费品年均耗铜量占 15% 左右，是中国第三大铜消费行业。

（4）机械制造业：铜及铜合金是机械制造业的基础材料，广泛应用于工程农业机械、仪器仪表、石油化工、机械、机床工具、通用基础件、食品及包装机械、民用机械等行业。应用形式有常用的铜合金、铸造用铜合金及各种铜加工材。机械制造业年均消耗铜量占全国铜消费量的10.25%，是中国第四大铜消费行业。

（5）交通运输业：交通运输是中国重点发展的行业，尤以汽车工业最为突出，目前每生产一辆汽车平均耗铜量约24kg。中国汽车产量增长速度很快，耗铜量也相对增加；铁路、船舶、航空等部门也是耗铜大户。交通运输业年均耗铜量占全国铜消费量的7%左右。

（6）建筑业：包括建筑用水管、装饰材料、结构材料等，年均耗铜量占中国铜消费量的3.12%，远低于美国和日本的铜消费水平。

（7）其他行业：航天、兵器、核工业及军需品制造等。

# 第三篇

# 铜的资源

## 第一章 铜矿物的种类

铜矿石，是铜矿中开采出来的矿石，能经过选矿成为含铜品位较高的铜精矿或者说是铜矿砂，铜精矿需要经过冶炼提纯，才能成为精铜及铜制品。自然界中含铜的矿物有280多种，其中工业矿物12种，最常见的只有6~7种，铜矿石种类主要有：自然铜、黄铜矿、斑铜矿、辉铜矿、蓝铜矿、铜蓝等。

自然铜是铜元素在自然界天然生成的各种片状、板状、块状集合体（图3-1）。没有氧化过的自然铜表面为红色，具有金属光泽。但因为氧化的原因，通常自然铜会呈棕黑色或绿色。自然铜中往往还会含有微量的铁、银和金等元素，在自然界存在很少。

黄铜矿是一种铜铁硫化物矿物。化学式：$CuFeS_2$，常含微量的金、银等。正方晶系，晶体相对少见，为四面体状；多呈不规则粒状及致密块状集合体，也有肾状、葡萄状集合体（图3-2）。黄铜矿呈黄色，时有斑状锖色。条痕为微带

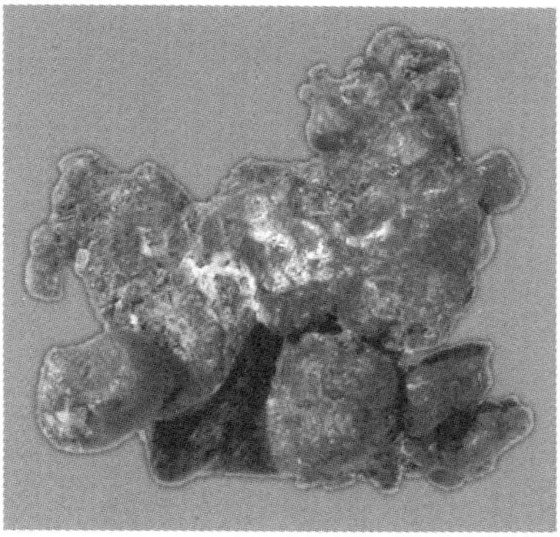

图 3-1 自然铜

图 3-2 黄铜矿

绿的黑色。黄铜矿是一种较常见的铜矿物，几乎可形成于不同的环境下。但主要是热液作用和接触交代作用的产物，常可形成具一定规模的矿床。产地遍布世界各地。在工业上，它是炼铜的主要原料。在宝石学领域，它很少被单独利用，偶尔用作黄铁矿的代用品。另外它常参与一些彩石、砚石和玉石的组成。黄铜矿是分布最广的铜矿物，是炼铜的最主要矿物原料。黄铜矿在地表易风化成孔雀石和蓝铜矿。中国的主要产地集中在长江中下游地区、川滇地区、山西南部中条山地区、甘肃的河西走廊以及西藏高原等。其中以江西德兴、西藏玉龙等地的铜矿最著名。世界其他主要产地有西班牙的里奥廷托，美国亚利桑那州的克拉马祖、犹他州的宾厄姆、蒙大拿州的比尤特，墨西哥的卡纳内阿，智利的丘基卡马塔等。

斑铜矿是和铁的硫化物（$Cu_5FeS_4$）矿物，含铜量63.3%。斑铜矿高温变体为等轴晶系，称等轴斑铜矿（图3-3）。表面易氧化而呈现蓝紫斑状的锖色，因而得名。新鲜断面呈暗铜红色，金属光泽，莫氏硬度3，密度4.9～5.0g/cm$^3$。斑铜矿常呈致密块状或分散粒状见于各种类型的铜矿床中，并常与黄铜矿共生。也形成于铜矿床的次生富集带，但不稳定，而被次生辉铜矿和铜蓝置换。在地表易风化成孔雀石和蓝铜矿。中国云南东川等铜矿床中有大量的斑铜矿。世界代表性产地是美国蒙大拿州的比尤特、墨西哥卡纳内阿和智利丘基卡马塔等。

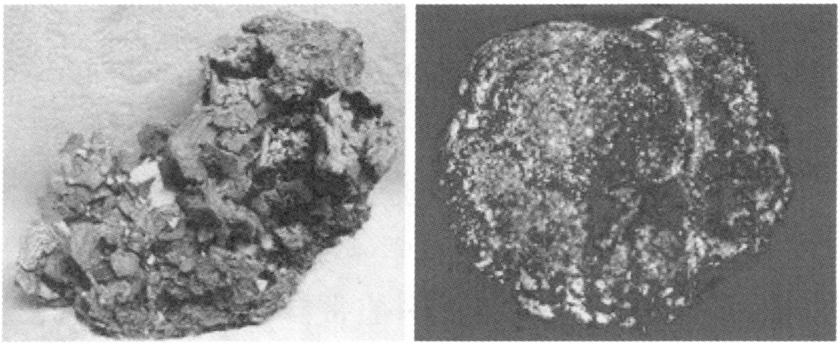

图 3-3　斑铜矿

蓝铜矿是一种碱性铜碳酸盐矿物[$2CuCO_3 \cdot Cu(OH)_2$]，

也叫石青（图 3-4）。它常与孔雀石一起产于铜矿床的氧化带中。蓝铜矿可作为铜矿石来提炼铜，也用作蓝颜料，质优的还可制作成工艺品。它还是寻找铜矿的标志矿物。蓝铜矿为柱状、厚板状、粒状、钟乳状、土状等。深蓝色有玻璃光泽。

图 3-4　蓝铜矿

铜蓝是一种成分为硫化铜的矿物（CuS），它的含铜量为 66%，是提炼铜的矿石（图 3-5）。铜蓝呈蓝色，具有金

图 3-5　铜蓝

属光泽，一般为片状，或像一层膜似的覆盖在其他矿物或岩石上，也可像一团烟灰一样。铜蓝主要产在其他铜矿床附近，化学成分为CuS。含铜量66.48%，因呈靛蓝色而得名，是炼铜的主要矿物原料。晶体为六方晶系，呈六方片状。具平行底面完全解理。金属光泽或光泽暗淡，莫氏硬度1.5～2，密度4.67g/cm$^3$。主要产于含铜硫化物矿床次生富集带中（由硫酸铜溶液交代黄铜矿、斑铜矿等硫化物而成）。常与辉铜矿伴生，组成含铜很富的矿石。代表性产地为俄罗斯乌拉尔的勃利亚文。热液型成因的铜蓝较为罕见，美国蒙大拿州的比尤特、南斯拉夫的博尔等铜矿床中也有产出。

应用领域：铜矿石主要应用于冶金行业，作为冶金行业的原材料。比较重要的工业类型有斑岩铜矿、砂（页）岩铜矿、含铜黄铁矿、铜镍硫化矿、脉状铜矿、矽卡岩铜矿及碳酸岩铜矿。

其中居第一位的斑岩型铜矿，其储量占世界总储量的53.5%左右，矿床规模大、品位低、埋藏浅，多数可露天开采；常含金和钼等伴生金属，可综合回收；矿石含铜0.3%～1.5%，钼0.001%～1.03%，原生矿品位偏低，次生富集带中品位较高；最大的成矿带为环太平洋成矿带，铜储量占该类型铜储量的90%以上，其中重要的成矿区有秘鲁-智利成矿区、美国-墨西哥成矿区、加拿大成矿区和菲律宾-新几内亚岛成矿区，其次为地中海-亚洲成矿带和哈萨克斯坦-蒙古成矿带。

居第二位的是沉积及沉积变质型铜矿，其储量占总储量的31%，矿床一般规模大、品位高，含钴、金、银等伴生有用组分，选矿回收率高；最大铜矿区是非洲铜矿带，其次是俄罗斯的乌多坎铜矿区、美国的怀特派恩矿区等。

居第三位的是火山岩黄铁矿型铜矿，其储量占总储量的9%，矿床规模以中、小型为主，少数也有大型，多数矿石含铜大于1%；常含不等量的钴、锌、铅、金、银等伴生有益组分，可综合回收。岩浆型矿床规模以中小型为主，少数为大型，含镍、钴和铂族金属等伴生有益组分，主要分布在俄罗斯、加拿大、美国、南非及澳大利亚等地。矽卡岩型铜矿床在世界总储量中所占比重不大，但对于日本、俄罗斯等国显得重要。

# 第二章　铜资源的分布

## 第一节　世界铜矿资源分布情况

世界铜矿资源比较丰富，据美国地质调查局统计，2012年全球的铜储量6.8亿吨，比2011年减少1.47%，储量较多的国家有智利、秘鲁、澳大利亚、墨西哥、美国、中国、印度尼西亚和俄罗斯等，以上国家的铜矿储量占全球总储量的76.03%，铜矿金属生产量达到100万吨以上的国家分别有智利、秘鲁、中国和美国等（表3-1）。

**表 3-1 世界铜矿资源及产量情况** （万吨）

| 国家 | 储量 | 矿产量 | | | | | | | |
|---|---|---|---|---|---|---|---|---|---|
| | | 2005 年 | 2006 年 | 2007 年 | 2008 年 | 2009 年 | 2010 年 | 2011 年 | 2012 年 |
| 美国 | 3900 | 114 | 120 | 117 | 131 | 118 | 112 | 111 | 115 |
| 澳大利亚 | 8600 | 92.7 | 85.9 | 87 | 88.6 | 85.4 | 90 | 96 | 97 |
| 加拿大 | 1000 | 56.7 | 60.7 | 58.9 | 60.7 | 49.1 | 48 | 57 | 53 |
| 智利 | 19000 | 532 | 536 | 556 | 533 | 539 | 552 | 526 | 537 |
| 中国 | 3000 | 75.5 | 89 | 94.6 | 95 | 99.5 | 115 | 131 | 150 |
| 印度尼西亚 | 2800 | 107 | 81.6 | 79.7 | 65.1 | 99.6 | 84 | 54 | 43 |
| 哈萨克斯坦 | 700 | 40.2 | 45.7 | 40.7 | 42 | 39 | 40 | 42 | 42 |
| 墨西哥 | 3800 | 42.9 | 33.8 | 34.7 | 24.7 | 23.8 | 23 | 44 | 50 |
| 秘鲁 | 7600 | 101 | 104.9 | 119 | 127 | 127.5 | 128.5 | 124 | 124 |
| 波兰 | 2600 | 52.3 | 51.2 | 45.2 | 43 | 43.9 | 43 | 43 | 43 |
| 俄罗斯 | 3000 | 70 | 72.5 | 74 | 75 | 72.5 | 75 | 71 | 72 |
| 赞比亚 | 2000 | 43.6 | 47.6 | 52 | 54.6 | 69.7 | 77 | 67 | 68 |
| 其他 | 8000 | 172 | 183.5 | 184 | 203 | 219 | 230 | 197 | 210 |
| 合计 | 66000 | 1500 | 1510 | 1540 | 1540 | 1590 | 1620 | 1610 | 1700 |

注：数据来源于美国地质调查局。

世界铜资源在地理分布上很不平衡，全球铜资源蕴藏最丰富的地区有5个：（1）南美洲秘鲁和智利境内的安第斯山脉西麓；（2）美国西部的洛矶山脉和大坪谷地区；（3）非洲的刚果和赞比亚；（4）哈萨克斯坦共和国；（5）加拿大东部和中部。

# 第二节 中国铜矿资源分布情况

## 一、分布情况

中国是世界上铜矿较多的国家之一。据国土资源部储量通报，2009年中国铜查明资源储量8000多万吨。铜矿分布广泛，除天津、香港外，包括上海、重庆、台湾在内的全国各省（市、区）皆有产出，已探明储量的矿区有910处。江西铜储量位居全国榜首，占20.8%，西藏次之，占15%；再次为云南、甘肃、安徽、内蒙古、山西、湖北等省区，各省区铜储量均在300万吨以上。从矿床类型看，以斑岩型铜矿为主，如江西德兴特大型斑岩铜矿和西藏玉龙大型斑岩铜矿；其次为铜镍硫化物矿床（如甘肃白家嘴子铜镍矿），矽卡岩型铜矿（如湖北铜绿山铜矿、安徽铜官山铜矿），火山岩型铜矿（如甘肃白银厂铜矿等）；此外还包括沉积岩中层状铜矿（如山西中条山铜矿、云南东川式铜矿），陆相砂岩型铜矿（如云南六直铜矿）以及少量热液脉状铜矿等。从铜矿形成时代来看，从太古宙至第三纪皆有铜矿形成。但从储量规模和矿床数量来看，则主要集中在中生代和元古宙。中生代铜矿多与侵位浅的中酸性岩浆活动有关，如德兴铜矿；元古宙铜矿多与海相火山岩浆活动有关，如甘肃白银厂铜矿；两者相比，又以中生代斑岩型铜矿最为重要。

## 二、资源特点

我国铜矿资源的特点为:

(1) 可供开发建设的大型铜矿少。现在全球探明铜储量超过500万吨的超大型铜矿有60个，中国只有江西德兴铜矿（524万吨）、西藏玉龙矿床（650万吨）、西藏驱龙铜矿（截至2007年底累计探明储量突破1000万吨）3个铜矿。中国大型铜矿（铜储量大于50万吨）在已勘查的1113处矿产地中仅占3%，中小型矿床占97%以上。

(2) 矿石品位低，富矿大部分已利用。中国铜矿平均品位为0.87%，品位高于1%的储量占全国铜总储量的32.4%。就矿床类型而言，富矿（品位大于1%）矿床主要是矽卡岩型铜矿和火山岩型块状硫化物矿床。贫矿（品位小于0.4%）的矿床主要是一些斑岩型铜钼矿和伴生在其他金属矿床的矿石，在目前铜价较高的情况下，0.4%以上的贫矿储量基本上具备开采价值。在查明资源储量中，以斑岩型矿床为主，占查明资源储量的42.2%。余下依次为：矽卡岩型矿床占22.4%，海相火山岩型矿床占14.6%，砂页岩型矿床占11.7%，铜镍硫化物型矿床占6.2%，其他类型矿床占2.9%。

(3) 坑采矿多、露采矿少。目前，大中型铜矿山多数是地下采矿，适合露天开采的矿床很少，仅有江西德兴铜矿、永平、湖北铜绿山、铜山口、四川拉拉铜厂矿等少数矿床可以露天开采。

## 三、大型矿区情况

中国铜矿资源开发优势不足，从而导致较长时期内矿产铜产量一直徘徊不前。在 2000～2010 年期间，中国铜精矿产量平均增长速度为 5% 左右，是一个增长较快的时期，但远低于精铜产量增长速度。特别在 2000～2003 年期间，国内外市场铜价低位运行，使国内铜精矿年产量（金属含量）一直在 60 万吨以下徘徊。虽然近年来中国加大了矿业开发的力度，但仍远不能满足国内对铜的需求。铜原料供应短缺，已经成为制约中国铜工业发展的瓶颈。

目前中国所有的铜冶炼厂均存在原料自给率明显不足的情况，资源矛盾尤为突出。根据目前中国铜矿储量和地质勘查进展情况，近两年国内新开发矿山只有西藏玉龙、西藏甲玛铜矿、青海德尔尼、黑龙江多宝山、江西德兴富家坞等，可增加铜精矿金属含量生产能力约 14 万吨/年，扣除老矿山下降的生产能力，2010 年国内矿山铜原料供应能力为 115 万吨。根据有关资料显示，全国资源储量大于 50 万吨（铜金属量）的矿产地 40 处，其中生产和基建 34 处，计划近期开发 3 处，几乎没有可供近期建设大型新矿山的后备资源储量基地了。表 3-2 为中国部分大型铜矿。

**表 3-2　中国部分大型铜矿一览表**

| 编号 | 矿 区 名 称 | 开发阶段 |
|---|---|---|
| 1 | 山西垣曲县铜矿峪矿区 | 生　产 |
| 2 | 山西垣曲铜矿峪小西沟 | 生　产 |

续表 3-2

| 编号 | 矿区名称 | 开发阶段 |
| --- | --- | --- |
| 3 | 内蒙古古突泉莲花山 | 生　产 |
| 4 | 内蒙古乌拉特后旗霍各乞 | 生　产 |
| 5 | 辽宁抚顺红透山铜矿 | 生　产 |
| 6 | 黑龙江嫩江县铜山铜矿 | 生　产 |
| 7 | 安徽铜陵冬瓜山南矿段 | 生　产 |
| 8 | 安徽铜陵狮子山铜矿 | 生　产 |
| 9 | 安徽铜陵新桥铜硫铁矿 | 生　产 |
| 10 | 福建上杭紫金山铜矿区 | 生　产 |
| 11 | 江西九江县城门山铜硫铁矿区 | 生　产 |
| 12 | 江西瑞昌市武山铜硫铁矿区（北矿带） | 生　产 |
| 13 | 江西德兴市铜厂铜矿区 | 生　产 |
| 14 | 江西德兴市富家坞铜钼矿区 210 米中段以下 | 生　产 |
| 15 | 江西德兴市银山铅锌矿九区铜硫矿带 | 生　产 |
| 16 | 江西铅山县永平天排山铜硫矿区 | 生　产 |
| 17 | 湖北大冶市铜绿山铜铁矿 | 生　产 |
| 18 | 湖北黄石铁山 | 生　产 |
| 19 | 湖北阳新丰山洞 | 生　产 |
| 20 | 广东曲江县大宝山多金属矿 | 生　产 |
| 21 | 广东阳春石碌铜矿 | 尾矿再生产 |
| 22 | 四川会理县拉拉铜矿落凼矿区 | 生　产 |
| 23 | 云南东川汤丹铜矿 | 生　产 |
| 24 | 云南新平大红山铁铜矿首采区铜矿 | 生　产 |
| 25 | 西藏墨竹卡甲玛铜多金属矿 | 生　产 |

续表 3-2

| 编号 | 矿 区 名 称 | 开发阶段 |
|---|---|---|
| 26 | 白家嘴子铜镍矿Ⅱ矿区 | 生　产 |
| 27 | 新疆哈巴河县阿舍勒铜矿一号铜锌矿区 | 生　产 |
| 28 | 云南德钦羊拉铜矿 | 生　产 |
| 29 | 云南思茅大平掌铜矿 | 生　产 |
| 30 | 黑龙江嫩江县多宝山铜（钼）矿区 | 基　建 |
| 31 | 云南迪庆普朗铜矿 | 基　建 |
| 32 | 西藏江达县玉龙铜钼矿 | 试生产 |
| 33 | 青海兴海县铜峪沟铜矿区 | 基　建 |
| 34 | 青海玛沁县德尔尼铜钴矿区 | 基　建 |
| 35 | 内蒙古新巴尔虎右旗乌奴格吐山铜钼矿 | 基　建 |
| 36 | 西藏谢通门雄村铜金矿 | 计划近期利用 |
| 37 | 江西德兴市朱砂红铜矿区 | 计划近期利用 |
| 38 | 西藏昌都县莽总铜矿 | 可供边探边采 |
| 39 | 西藏贡觉县多霞松多铜矿 | 近期不宜进一步工作 |
| 40 | 西藏察雅县马拉松多铜矿 | 近期不宜进一步工作 |

注：资料来源于国土资源部信息中心。

### （一）江西德兴铜矿

德兴铜矿地处江西省上饶德兴市境内，位于怀玉山脉孔雀山下，是亚洲最大的露天铜矿。德兴铜矿拥有丰富可靠的资源，矿藏特点是储量大而集中，埋藏浅，剥采比小，矿石可选性好，综合利用元素多。

唐、宋年间已经开采，冶炼鼻祖德兴的张潜用湿法炼铜（见胆铜法）。1956 年开始普查勘探，发现有两个大型斑岩铜矿区，并伴生有钼、硫、金、银等元素。1958 年 5 月成立德兴铜矿。1965 年建成北山矿，地下开采；1971 年建成南山矿，露天开采。同时，拥有 154t 电动轮、16.8$m^3$ 电铲、45R 牙轮钻机和 $\phi$5.5m×8.5m 球磨机、“敏太克”地质优化模型、全球卫星定位（GPS）卡车调度系统等国际上先进的采、选工艺和设备。经过四十多年的努力，目前已形成日处理矿石 10 万吨的生产规模，达产达标。主要生产铜精矿、硫精矿、电积铜等。矿山 2003 年产铜 12 万余吨，约占全国铜产量的五分之一；同时年产黄金 5t 多，白银 20t 以上。德兴铜矿发展前景广阔，2001 年江铜按照规范的市场原则对破产后的富家坞铜业公司成功进行了收购，从而使德兴铜矿的服务年限延长至 50 年。矿山的发展目标是建设中国有色第一矿，努力跻身于世界先进铜矿山行列。

德兴铜矿现有铜厂、富家坞两个采场，大山选矿厂、泗洲选矿厂以及精尾厂动力厂等 29 个子单位，职工 1.6 万余人。目前规模已达到日处理铜矿石 13 万吨，采用国内最先进的电铲、自磨机、浮选机、皮带运输机等设备。

德兴铜矿现为江西铜业股份有限公司主干矿山。德兴铜矿以其科学的管理，先进的技术，雄伟、壮观、庞大的气势令世人瞩目。游德兴铜矿，您可以领略灿烂的铜文化，感受历史悠久与现代辉煌的华夏文明。

### （二）玉龙铜矿

玉龙铜矿地处西藏自治区昌都地区江达县青泥洞乡境内，位于宁静山下，海拔 4569～5118m。玉龙铜矿拥有丰富可靠的资源，铜金属储量居全国第二位（第一位是拉萨市墨竹工卡县的驱龙铜矿，已探明铜资源储量794.88万吨；第三位是江西德兴铜矿，储量约为596万吨），达650万吨，远景储量达1000万吨。特点是矿床规模大，适宜大规模露天开采，有用组分多，有用组分在精矿中富集，可综合利用，经济价值巨大。

玉龙铜矿所在地已新建玉龙镇，国道317线横穿小镇；距昌都镇约135公里，距邦达机场261公里。

# 第四篇

# 铜的提取与制备

## 第一章　采 选 技 术

目前，中国勘探和开采的铜或铜多金属矿床中，大部分铜矿石都要经过选矿富集成铜精矿才能冶炼成铜金属。

### 第一节　铜 矿 开 采

铜矿主要开采方式分两种：露天开采和地下开采。除了这两种方法外，还有溶浸采矿。

#### 一、露天开采

露天开采（Open Mining）是先将覆盖在矿体上面的土石剥掉（剥离），自上而下把矿体分为若干梯段，直接在露天进行采矿的方法。国外露天采矿量占矿物总开采量的60%以上，而且其密度还在增大。近年来，国外露天矿山在提高装备水平、加快采矿自动化步伐、改进开采工艺、优化排产作业和边坡加固等方面都有长足进步。

当矿体埋藏较浅或地表有露头时，应用露天开采最为优越。与地下开采相比，露天开采的优点是资源利用充分、回采率高、贫化率低，适于用大型机械施工，见矿快，产量大，劳动生产率高，成本低，劳动条件好，生产安全。但需要剥离岩土，排弃大量的岩石，尤其较深的露天矿，往往占用较多的土地，设备购置费用较高，故初期投资较大。此外，露天开采受气候影响较大，对设备效率及劳动生产率都有一定影响。随着开采技术的发展，适于露天采矿的范围越来越大，可用于开采低品位矿床和某些地下开采过的残矿。对平缓矿床（一般矿层倾角小于12°）采用倒堆、横运或纵运采矿法。对于倾斜矿床采用组合台阶、横采掘带或分区分期开采的方法。

露天开采主要包括穿孔爆破、采装、运输和排土。这四项工作的好坏及它们之间如何配合，是露天采矿的关键。穿孔爆破是在露天采场矿岩内钻凿一定直径和深度的定向爆破孔，以炸药爆破，对矿岩进行破碎和松动。穿孔设备主要有冲击式钻机、潜孔钻机和牙轮钻机等，多用铵油炸药、浆状抗水炸药和乳化炸药及粒状乳化炸药，采装工作是用人工或机械将矿岩装入运输设备，或直接卸到指定地点的作业。常用的设备是挖掘机（有多斗和单斗两类）、轮斗铲和前端式装载机，广泛采用的为单斗挖掘机。运输工作是将露天采场的矿、岩分别运送到卸载点（或选矿厂）和排土场，同时把生产人员、设备和材料运送到采矿场。主要运输方式有铁路、公路、输送机、提升机，还有水力运输和用于崎岖山区的索道运输。选择运输方式必须综合考虑地形、地质、气候条件，露天矿生产能力，开采深度，矿石和围岩的物理力学性质等，经过全面技术经济比较后，确定合理的运输方式。排土工作系指从露天采场将剥离覆盖在矿床上部及其周围的大量表土和岩石，运送到专门设置的场地（如排土场或废石场）进行排弃的作业。排土方法依其排土设备的不同，分为推土犁推土、推土机排土、前装机排土和拖拉铲运机或索斗铲排土等。推土场应选择在尽量靠近采矿场，少占农田的位置，有条件的应放置在山谷、洼地处，注意环境保护和造田、还田。

德兴、永平铜矿属于露天开采。

## 二、地下开采

地下开采（Underground Mining）是用地下坑道进行采矿工作的总称。一般适用于矿体埋藏较深，在经济上和技术上不适合于露天开采的矿床。

地下采矿方法分类繁多，常用的以地压管理方法为依据，分为三大类：

（1）自然支护采矿法：又称空场采矿法。主要靠围岩本身的稳固性和矿柱的支撑能力维护回采过程中形成的采空区，有的用支架或采下矿石作辅助或临时支护。本法回采工艺简单，容易实现机械化，劳动生产率高，采矿成本低，适于开采矿石和围岩均稳固的矿体，在地下矿山广泛应用。但开采中厚层以上矿体，需留大量矿柱，矿石回采率低，因此采高价矿床时用得较少。

（2）人工支护采矿法：用充填材料或其他支架维护采空区，主要使用充填法，故此法又称充填采矿法。在矿房或矿块中，随回采工作面的推进，向采空区送入碎石、炉渣、水泥等充填材料，以进行地压管理，控制围岩崩落和地表移动，并在形成的充填体上或在其保护下进行回采。适用于开采围岩不稳固的高品位、稀缺、贵重矿石的矿体；地表不允许陷落，开采条件复杂，如水体、铁路干线、主要建筑物下面的矿体和有自然火灾危险的矿体等；也是深部开采时控制地压的有效措施。优点是适应性强，矿石回采率高，贫化率低，作业较安全，能利用工业废料，保护地表等。缺点是工艺复杂，成本高，劳动生产率和矿块生产能力都较低。

（3）崩落采矿法：随回采工作面的推进，有计划地崩落围岩填充采空区以管理地压的采矿方法。适用于围岩容易崩落、地表允许塌陷的矿体。

地下开采主要通过矿床开拓、矿块的采准、切割和回采4个步骤实现。

1）矿床开拓：根据矿床的赋存条件与矿体的产状选用不同的矿床开拓方式以便于运输、行人、通风排水。

2）采准：矿块的采准工作是指按照预定的计划和图纸，掘进一系列巷道，从而为矿块的切割和回采工作创造必要的条件。

3）切割：矿块切割工作是在采准工作的基础上，为回采矿石开辟自由面和落矿空间，从而为矿块回采创造必要的工作条件。

4）回采：回采是从矿块里采出矿石的过程，是采矿的核心。回采通常包括三种作业。落矿：将矿石以合适的块度从矿体上采落下来的作业；出矿：将采下的矿石从落矿工作面运到阶段运输水平的作业；地压管理：包括用矿柱、充填体和各种支架维护采空区。

## 三、溶浸采矿

溶浸采矿是根据某些矿物的物理化学特性，将工作剂注入矿层（堆），通过化学浸出、质量传递、热力和水动力等作用，将地下矿床或地表矿石中的某些有用矿物，从固态转化为液态或气态，然后回收，以达到以低成本开采矿床的目的。

溶浸采矿方法包括地表堆浸法、原地浸出法和细菌化学采矿法等。

溶浸采矿彻底改革了传统的采矿工艺，特别是地下溶浸采矿，少需或无需传统的采矿工程（如开拓、剥离、采掘、搬运等），使复杂的选冶工艺更趋简单。溶浸采矿可处理的金属矿物有：铜、铀、金、银、离子型稀土、锰、铂、铅、锌、镍、铬、钴、铁、汞、砷、铱等20多种。但应用较多的是铜、铀、金、银、离子型稀土。

地表堆浸法：堆浸法是指将溶浸液喷淋在矿石或边界品位以下的含矿岩石（废石）堆上，在其渗滤过程中，有选择地溶解和浸出矿石或废石堆中的有用成分，使之转入产品溶液（称浸出富液）中，以便进一步提取或回收的一种方法。

按浸出地点和方式的不同，堆浸可分为露天堆浸和地下堆浸两类，前者用于处理已采至地面的低品位矿石、废石和其他废料；后者用于处理地下残留矿石或矿体，如果这些矿体或矿柱未采动，为提高堆浸效果，需预先进行松动爆破。

原地浸出法：又称地下浸出法，包括地下就地破碎浸出和地下原地钻孔浸出。

地下就地破碎浸出法开采金属矿床，是利用爆破法就地将矿体中的矿石破碎到预定的合理块度，使之就地产生微细裂隙发育、块度均匀、级配合理、渗透性能良好的矿堆，然后从矿堆上部布洒溶浸液，有选择性地浸出矿石中的有价金属，浸出的溶液收集后转输地面加工回收金属，浸后尾矿留采场就地封存处置。溶浸矿山比常规矿山基建投资少，建设周期短，生产成本低，有利于实现矿山机械化与自动化，有利于矿区环境保护，因此，该法很有应用发展前景，目前在国外已得到广泛应用，中国也在铀、铜等金属矿床试验研究或推广应用，取得了良好效果。

地下原地钻孔浸出法的特征是矿石处于天然赋存状态下，未经任何位移，通过钻孔工程往矿层注入溶浸液，使之与非均质矿石中的有用成分接触，进行化学反应。反应生成的可溶性化合物通过扩散和对流作用离开化学反应区，进入沿矿层渗透的液流，汇集成含有一定浓度的有用成分的浸出液（母液），并向一定方向运动，再经抽液钻孔将其抽至地面水冶车间加工处理，提取浸出金属。地下原地钻孔溶浸采矿方法适用条件苛刻。

细菌化学采矿法：某些微生物及其代谢产物，能对金属矿物产生氧化、还原、溶解、吸附、吸收等作用，使矿石中的不溶性金属矿物变为可溶性盐类，转入水溶液中，为进一步提取这些金属创造条件。利用微生物的这一生物化学特性进行溶浸采矿，是近几十年迅速发展起来的一种新的采矿方法。目前世界各国微生物浸矿成功地应用于工业化生产的主要是铀、铜和金、银等金属矿物，且正在向锰、钴、镍、钒、镓、钼、锌、铝、钛、铊和钪等金属矿物发展。浸出方式由池（槽）浸、地表堆浸逐步扩展到了地下就地破碎浸出，并有向地下原地钻孔浸出发展的趋势。一般说来，微生物浸矿主要是针对贫矿、含矿废石、复杂难选金属矿石。

## 第二节 铜矿选矿

选矿是利用物理或化学方法将矿物原料中的有用矿物和无用脉石（或有害矿物）分开，或将多种有用矿物分离开的工艺过程。选矿过程主要由解离和选别两部分组成。解离包括破碎、磨矿、筛分、分级、洗矿等作业。选别方法分浮选、重选、电选、拣选、化学选矿等。辅助作业包括脱水、干燥及选矿过程自动控制。目前应用最广的是浮选，利用各种矿物原料颗粒表面对水的润湿性（疏水性或亲水性）的差别而进行分离。为正确选用各种选矿方法和合理制定选矿工艺流程，需要事先研究矿床物质成分，查明矿石自然类型，鉴定矿石物质组成、结构构造、嵌布粒度和矿物可选性能以及有益有害元素赋存状态等。

选矿流程主要包括破碎、筛分流程，磨矿、分级流程，分选流程和脱水流程等。破碎、筛分流程在选矿厂，破碎和筛分作业是磨矿前的准备作业，在碎石厂和冶金辅助原料破碎厂则是主要作业，如图 4-1 所示。

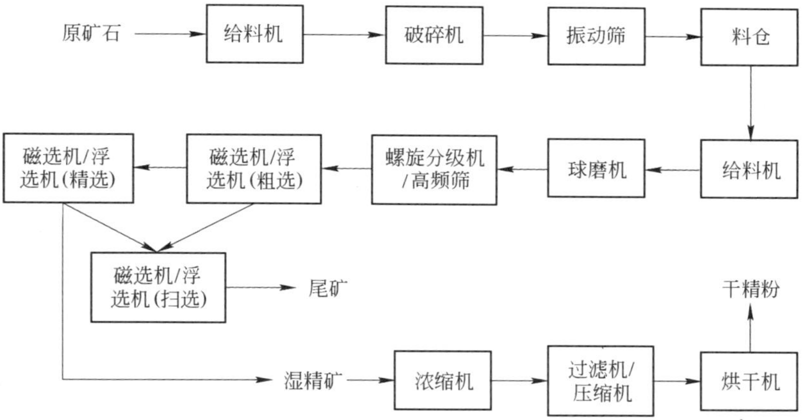


图 4-1　选矿流程

铜矿石自然类型一般按其氧化铜和硫化铜的比例不同划分为三种类型：硫化矿石（含氧化铜在 10% 以下）、氧化矿石（含氧化铜在 30% 以上）、混合矿石（含氧化铜在 10% ~ 30%）。

不同矿石类型则用不同选矿方法：单一硫化矿石常用浮选方法。多金属硫化矿石，针对矿石组分特性而分别选用混合浮选法、优先浮选法、混合优先浮选法、浮选和重选联合选矿法、浮选和磁选联合选矿法以及浮选和湿法冶炼联合处理等。

根据矿石的性质采用不同的流程：（1）处理铜矿物嵌布极细的铜矿石，选用阶段磨矿、阶段浮选或多段磨矿、集中浮选流程，其原则流程如图 4-2 所示；（2）处理含高硫铜锌矿石，采用两段磨矿、等可浮浮选流程选出铜-锌混合精矿，其尾矿加硫酸铜浮选得到锌-硫混合精矿，然后分别进行分离，获得铜精矿、锌精矿和硫精矿；（3）处理含黄铁矿较多的铜矿石，采用一段磨矿、铜-硫混合浮选流程，混合粗精矿再磨后进行铜、硫分离；（4）处理含低品位钼的铜矿石，一般采用一段磨矿、混合浮选流程选出铜-钼混合精矿，混合精矿再磨后进行铜、钼分离；（5）处理含矿泥较多、泥砂可浮性差异较大的矿石，采用泥砂分选流程。

氧化矿石选矿，一般用浮选与湿法冶炼联合处理或用离析法与浮选联合处理；含结核式氧化铜高的矿石，一般用湿法冶炼处理。

（1）酸浸-沉淀-浮选工艺适于处理含硫酸铜较高的氧化铜矿石；（2）堆浸用以处理露天矿矿体上部的氧化铜矿石，其流程为：用硫酸喷淋矿堆，浸出液用废钢铁置换，经浓缩、干燥得沉淀铜；（3）离析法（有一段离析和两段离析）用以处理结合铜含量高的难选氧化铜矿石；（4）浸出-萃取-电积法（图 4-3）适合处理低品位氧化铜矿石和混合铜矿石；

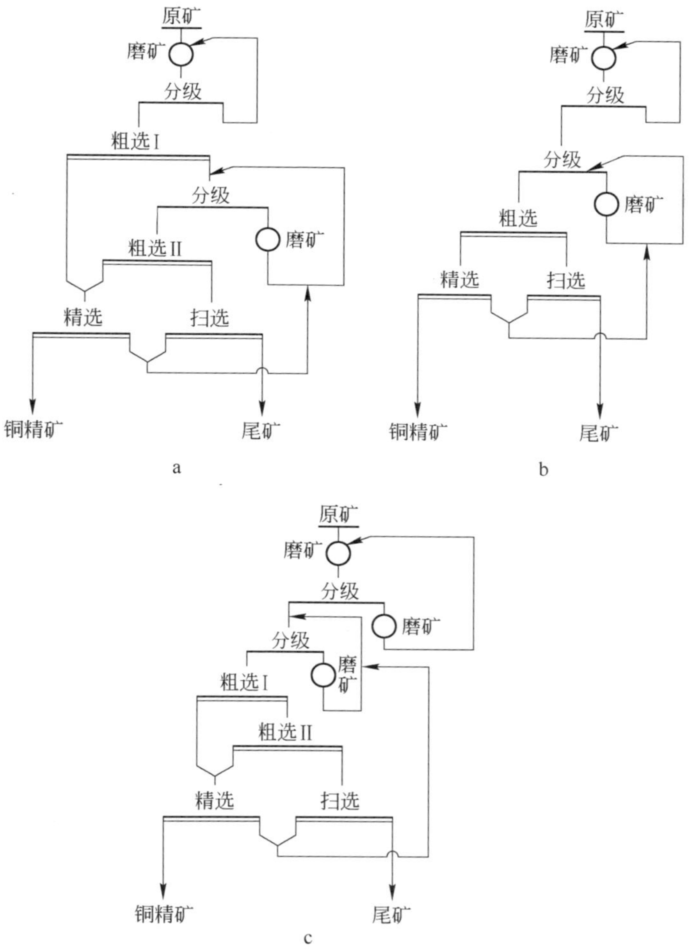


图 4-2　处理铜矿物嵌布极细的铜矿石选矿流程

a—阶段磨矿阶段浮选流程；b—二段磨矿集中浮选流程；c—三段磨矿集中浮选流程

（5）细菌浸出法适合处理品位低、铜矿物赋存条件复杂，尚不能被采选工业合理利用的铜矿资源，如含铜废石等。

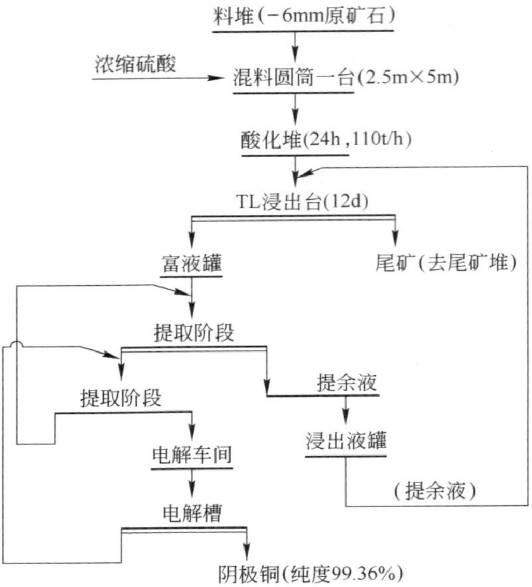


图 4-3 浸出-萃取-电积法流程图

混合矿石选矿，通常用浮选法，它可以单独处理，或与硫化矿石一起处理；也可以采用浮选和湿法冶炼联合处理，即先用浮选法选出铜精矿，再将浮选后的尾矿用湿法冶炼处理。对于含有蓝铜矿、孔雀石的氧化铜矿物的混合铜矿石，先浮选硫化铜矿物，尾矿用硫化剂硫化后，再进行氧化铜矿物浮选。

# 第二章 铜冶炼技术

从铜矿石或铜精矿提炼铜的方法较多，概括起来有火法和湿法两大类，以火法为主。

# 第一节 火法炼铜

火法炼铜是将铜精矿和熔剂一起在高温下熔化，先炼成铜锍（又称冰铜），然后再炼成粗铜或直接炼成粗铜，粗铜再经过精炼得到精炼铜（或称电铜）。目前世界上80%以上的铜是由火法炼得的，中国也多用此法。该法除部分预备作业及电解精炼作业外，均在高温下进行。其一般流程如图4-4所示。

火法流程最大的优点是适应性广，对各种不同的铜精矿均能处理，特别是对一般硫化矿和富氧化矿很适用。

自20世纪60年代以来，世界火法铜冶炼技术有了长足的发展，传统的冶炼工艺（反射炉、电炉、鼓风炉等）正迅速被新的强化冶炼工艺所取代，到目前为止世界上绝大部分铜冶炼企业采用了新工艺进行生产。这些新的强化工艺包括：奥托昆普闪速熔炼、“双闪”冶铜以及熔池熔炼工艺（奥斯麦特/艾萨法、诺兰达法、三菱法），还有中国自主创新炼铜新工艺，氧气底吹熔炼炼铜工艺。

火法炼铜工艺包括原料制备、熔炼、吹炼、精炼等工序。

熔炼：熔炼的目的是使铜精矿中的部分铁被氧化，并与脉石、熔剂等造渣除去，产出含铜较高的铜锍（$xCu_2S \cdot yFeS$）。铜锍中铜、铁、硫的总量常占93%～97%，炉料中的贵金属几乎全部进入铜锍。

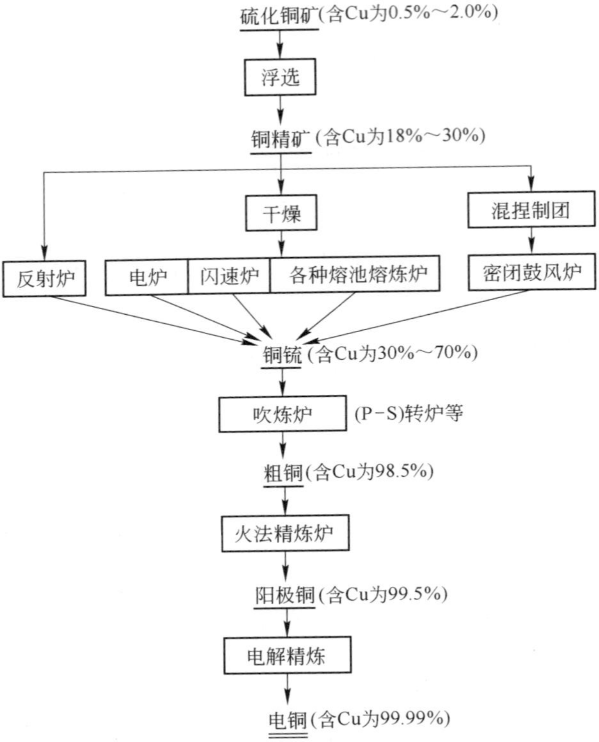


图4-4 硫化铜矿火法冶炼原则流程图

铜锍含铜量取决于熔炼进行的程度，世界铜锍品位一般含铜30%～70%。生产高品位铜锍，可更多地利用硫化物反应热，还可缩短下一工序的吹炼时间。熔炼炉渣含铜与铜锍品位有关，弃渣含铜一般在0.4%～0.5%。熔炼过程主要反应为：

$$2CuFeS_2 \longrightarrow Cu_2S + 2FeS + S$$

$$Cu_2O + FeS \longrightarrow Cu_2S + FeO$$

$$2FeS + 3O_2 + SiO_2 \longrightarrow 2FeO \cdot SiO_2 + 2SO_2$$

$$2FeO + SiO_2 \longrightarrow 2FeO \cdot SiO_2$$

新建的现代化大型炼铜厂多采用闪速炉、奥斯麦特/艾萨炉、诺兰达炉、三菱炉等。

铜锍吹炼：利用硫化亚铁比硫化亚铜易于氧化的特点，在卧式转炉中，往熔融的铜锍中鼓入空气，使硫化亚铁氧化成氧化亚铁，并与加入的石英熔剂造渣除去，同时部分脱除其他杂质，而后继续鼓风，使硫化亚铜中的硫氧化进入烟气，得到含铜96%～98%的粗铜，贵金属也进入粗铜中。

一个吹炼周期分为两个阶段：

第一阶段，即造渣期，将 FeS 氧化成 FeO，造渣除去，得到铜锍（$Cu_2S$）。冶炼温度1150～1250℃。主要反应是：

$$2FeS + 3O_2 \longrightarrow 2FeO + 2SO_2$$

$$2FeO + SiO_2 \longrightarrow 2FeO \cdot SiO_2$$

第二阶段，造粗铜期，冶炼温度1200～1280℃，将铜锍按以下反应吹炼成粗铜：

$$2Cu_2S + 3O_2 \longrightarrow 2Cu_2O + 2SO_2$$

$$Cu_2S + 2Cu_2O \longrightarrow 6Cu + SO_2$$

铜锍吹炼是放热反应，可自热进行，通常还须加入部分冷料吸收其过剩热量。吹炼后的炉渣含铜较高，一般为2%～5%，返回熔炼炉或以选矿、电炉贫化等方法处理。吹炼烟气含 $SO_2$ 浓度较高，一般为8%～12%，可以制酸。吹炼一般用卧式转炉，间断操作。表压约98kPa的空气通过沿转炉长度方向安设的一排风眼鼓入熔体，加料、排渣、出铜和排烟都经过炉体上的炉口。其他吹炼方法有闪速吹炼、三菱法吹炼和顶吹浸没吹炼等。

粗铜精炼：分火法精炼和电解精炼。火法精炼是利用某些杂质对氧的亲和力大于铜，而其氧化物又不溶于铜液等性质，通过氧化造渣或挥发除去。其过程是将液态铜加入精炼炉升温或固态铜料加入炉内熔化，然后向铜液中鼓风氧化，使杂质挥发、造渣；扒出炉渣后，大部分运用无烟精煤和天然气等方法还原其中的氧化铜。还原过程中用木炭或焦炭覆盖铜液表面，以防再氧化。精炼后可铸成电解精炼所用的铜阳极或铜锭。精炼炉渣含铜较高，可返回吹炼炉处理。精炼作业在反射炉或回转精炼炉内进行。

火法精炼的产品叫火精铜，一般含铜99.5%以上。火精铜中常含有金、银等贵金属和少量杂质，通常要进行电解精炼。若金、银和有害杂质含量很少，可直接铸成商品铜锭。

电解精炼是以火法精炼的铜为阳极，以铜始极片或不锈钢板作为阴极，在含硫酸铜的酸性溶液中进行的。电解产出含铜99.95%以上的电铜，而金、银、硒、碲等富集在阳极泥中。

下面简略介绍几种火法炼铜工艺。

## 一、闪速熔炼技术

闪速熔炼技术由芬兰奥托昆普公司发明，于1949年工业化，经过50多年的发展，到2006年底世界粗铜产量中有

43%是闪速冶金的方法产出的。2006年世界已建成的闪速冶金的产能约为650万吨/年。该技术经过50多年的改进，在技术装备上更加完善，近20年来，最大的改进是鼓风中富氧浓度大大提高，现在一般炉内氧浓度在70%左右，其次是炉体强化冷却结构更加先进，越来越多的工厂采用中央精矿喷嘴，实行“四高”（高投料量、高富氧化浓度、高热强度、高锍品位）操作，使单炉生产能力大大提高。

闪速熔炼的生产过程是将硫化精矿悬浮在氧化气氛中，通过精矿中部分硫和铁的氧化以实现闪速熔炼，其方法与粉煤的燃烧十分相似，这也是闪速炼铜与其他炼铜方法的最大区别。将精矿和熔剂用工业氧或富氧空气或预热空气喷入专门设计的闪速炉中，用硫和铁的闪速燃烧获得熔炼温度，精矿在闪速燃烧过程中完成焙烧与熔炼反应，如图4-5所示。这个过程也就是造锍的过程，生成铜锍。

图4-5 闪速熔炼炉内部结构示意图

闪速熔炼技术在能效和环保方面的特点为：由于该方法是用富氧空气或热风，将干精矿喷入闪速炉的反应空间，使精矿粒子悬浮在高温氧化性气流中，迅速发生硫化矿物的氧化反应，并放出大量的热，只需要少量外部的能源。金属硫化物的氧化反应，使烟气中的 $SO_2$ 浓度提高到10%以上，有利于硫的回收和环境保护，硫的回收率达97%，捕集率可达到99%。闪速熔炼的铜矿氧化反应迅速，单位时间内放出的热量多，可占整个热收入的42%～50%，加快了熔炼速度，使熔炼的生产率大幅度提高，为反射炉与电炉熔炼的两倍。闪速炉的燃料消耗只有反射炉熔炼的1/3～1/2。有的工厂采用了富氧工艺后，精矿反应放出的热量可以占到总热量收入的60%以上，大大降低了燃料的消耗。

“双闪”炼铜工艺是闪速熔炼+闪速吹炼生产工艺的简称。该工艺的两个重要工序——熔炼工序、吹炼工序完全在密闭的系统中进行，不含二氧化硫及粉尘烟气泄漏，环保性好。闪速吹炼炉代替PS转炉完成铜锍吹炼作业，解决了PS转炉的低空污染问题。该工艺具有投资较高、烟尘率较高、渣含铜较高的特点，见图4-6。

闪速熔炼炼铜技术对原料的干燥度、颗粒大小的要求比较严格。

## 二、熔池熔炼工艺

熔池熔炼是向炉内熔体吹入富氧空气的冶炼，使加入的物料在熔池中被气体湍流包裹、搅动，完成快速的传热传质，并进行激烈的物理化学反应的过程，也就是使精矿在熔池中同时进行加热、熔化、分解、氧化、造渣和产品汇集的

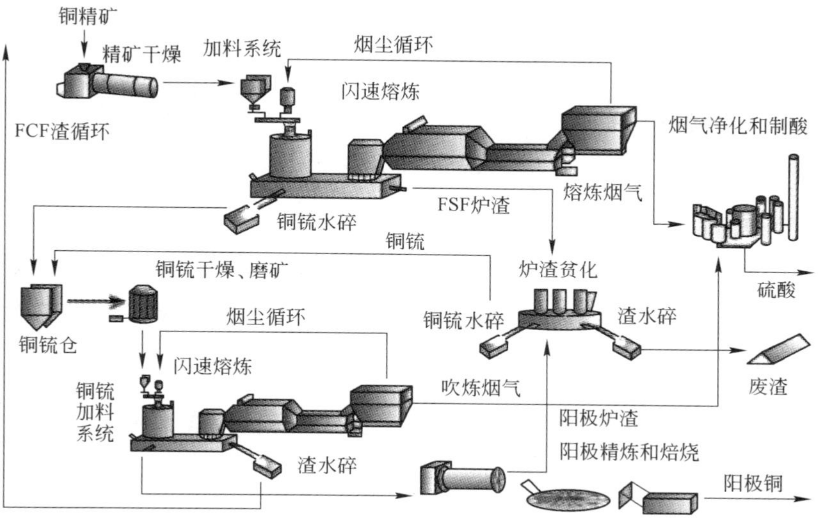


图 4-6　闪速熔炼的流程

过程。对比闪速炉反应塔的熔炼过程，熔池熔炼也是一个悬浮颗粒与周围介质的热与质的传递过程。所不同的是，悬浮粒子处在一个强烈搅动的液-气两相介质中，受到液体流动、气体流动与两种流体间的相互作用以及动量交换的影响。

熔池熔炼工艺包括奥斯麦特/艾萨法、诺兰达法、三菱法、氧气底吹炼铜法、侧吹炼铜法等。

## （一）奥斯麦特/艾萨法

奥斯麦特熔炼法与艾萨熔炼法的统称是顶吹熔炼法。这两种方法都拥有“赛洛”喷枪浸没熔炼工艺技术，按各自的优势和方向，延伸并提高了该项技术，从而形成各具特色的冶炼方法。主要的不同在于喷枪结构、排料方式、喷枪出口压力等方面。

顶吹熔炼法的熔炼系统由三个炉子组成，即熔炼炉、沉降炉和吹炼炉。铜精矿、熔剂、返料经配料仓按预定要求计量配料后送混捏机加水混捏或造球，以含水9%～10%的黏团料方式，由加料皮带从炉子顶加料口投入炉内。炉顶设有可上下调节的喷枪，喷枪插入熔体鼓富氧空气进行熔炼。熔融的铜锍和炉渣经虹吸口及溜槽放入沉降炉、烟气经炉顶进入余热锅炉，电收尘后送硫酸车间制酸。渣与铜锍在沉降炉沉清分离，并从不同部位被排出，炉渣定期水碎。铜锍分批放入吹炼炉采用顶吹浸没喷枪、鼓入空气吹炼成粗铜：吹炼渣水碎，返回熔炼配料，粗铜进保温炉储存。吹炼炉烟气与熔炼炉一样，经余热锅炉、电收尘后，与熔炼炉净化烟气合并一起送硫酸车间制酸。

该工艺的优点为：投资省、原料适应性强、能源消耗低、环保效果好；缺点为：渣含铜较高。

（二）诺兰达熔池熔炼

诺兰达熔池熔炼法是加拿大诺兰达矿业公司经长期研究之后于1973年投产的，其规模是日处理725t精矿。1978年美国肯尼柯特公司改建时，用1座诺兰达炉和4座转炉代替了原来的2座反射炉和9座转炉。

诺兰达连续熔炼炉是一台水平式圆筒形炉，与转炉类似，外径5.2m，长21.33m。炉壳内砌铬镁砖，炉外有传动装置，在必要时，炉身可转动48°，使风口露出熔池。炉的两端有烧嘴，用天然气或油加热。前端加料，尾端放渣。反应器的烟气由靠近尾端的炉口排出。正常操作时，炉内熔体分成两层，即炉渣、铜锍层。在前端炉床铜锍层中有一排风口（约60个），风口直径54mm，鼓入空气或富氧空气进行熔炼。制粒精矿和熔剂用带式投料机加到前端熔池表面，在鼓风的强烈搅动下发生剧烈的传质传热作用，同时进行熔炼的各种反应，形成铜锍和炉渣。诺兰达炉的前端主要是熔炼带，部分为沉清带，产出的炉渣含铜5%，直接回收率低，必须经过贫化处理。

诺兰达法炼铜的优点是：节省燃料，保护环境，操作简单，投资少，生产费用低。缺点是：氧化气氛强，渣含铜高；经常停炉检修，作业时间少，只有75%。

（三）三菱法

三菱法也叫三菱连续炼铜法，此法于1974年由日本直岛炼铜厂投入生产。

三菱法连续炼铜包括一台熔炼炉、一台贫化电炉和一台吹炼炉，这三台炉用溜槽连接在一起连续生产，铜精矿要连续经过这三台炉子才能炼出粗铜。生产过程是将硫化铜精矿和熔剂喷入熔炼炉的熔体内，熔炼成铜锍和炉渣，而后流至贫化炉产出弃渣，铜锍再流至吹炼炉产出粗铜。

此法的特点是烟尘少、渣铜损失少和实现了连续吹炼，图4-7为三菱法工艺流程图。

（四）氧气底吹炉炼铜法

由中国恩菲工程技术有限公司和水口山有色金属有限责任公司共同研发，在山东东营方圆有色金属公司实施工业化生产，属于中国自主创新的炼铜工艺。

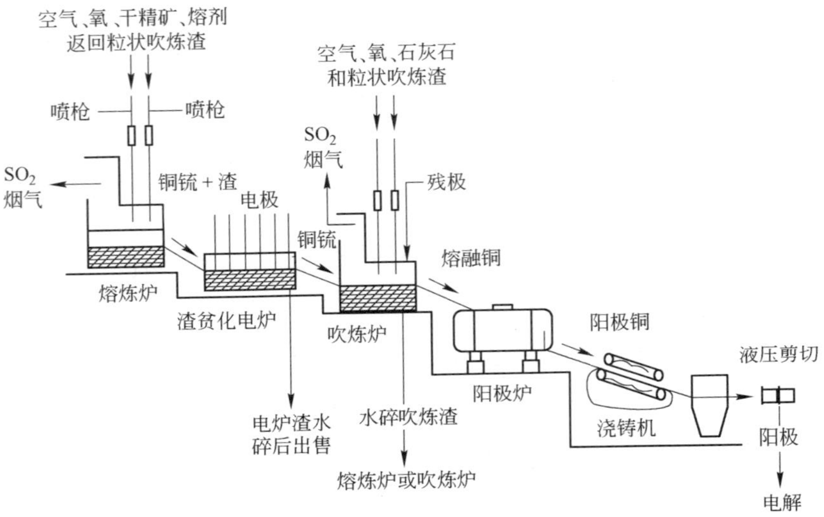


图 4-7　三菱法工艺流程图

基本原理：混合矿料不需要干燥、磨细，配料后由皮带传输，连续从炉顶加料口加入炉内的高温熔池中，氧气和空气通过底部氧枪连续送入炉内的铜锍层，氧气以大量的小气泡动态地悬浮于熔体中，有很大的气-液相接触面积，有极好的反应动力学条件，连续加入的铜精矿不断地被迅速氧化、造渣。硫生成二氧化硫从炉子的排烟口连续地进入余热锅炉，经电收尘后进入酸厂处理。炉内形成的炉渣从端部定期放出，由渣包吊运至缓冷场，缓冷后进行渣选矿。形成的铜锍从侧面或另一端的放锍口定期放出，由铜锍包吊运到 PS 转炉吹炼，如图 4-8 所示。

该工艺具有过程简单、原料适应性强、能源消耗低、投资相对省、噪声低、操作环境好、劳动强度低、容易掌握和

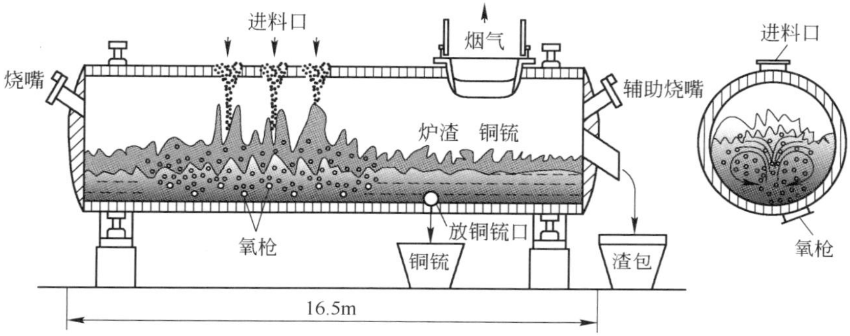


图 4-8　氧气底吹炉生产过程示意图
（资料来源：东营方圆有色金属公司）

好操作等优点，产能规模在 5～25 万吨/年之间。

表 4-1 为国内主要铜冶炼企业炼铜工艺。

**表 4-1　国内主要铜冶炼企业炼铜工艺**

| 序号 | 企业名称 | 生产工艺技术 | 投产时间 |
|---|---|---|---|
| 1 | 江西铜业集团公司 | 2 套 Outokumpu 闪速熔炼 | 1985 年 12 月<br>2007 年 10 月 |
| 2 | 铜陵有色控股集团公司 | Outokumpu 闪速熔炼、<br>Ausmelt 炉熔炼 | 1997 年 4 月<br>2003 年 8 月 |
| 3 | 云南铜业集团公司 | Isasmelt 炉熔炼 | 2005 年 5 月 |
| 4 | 大冶有色公司 | Noranda 诺兰达、<br>Ausmelt 炉熔炼 | 1997 年 10 月<br>2010 年 10 月 |
| 5 | 金川公司 | 合成炉 | 2005 年 9 月 |

续表 4-1

| 序号 | 企业名称 | 生产工艺技术 | 投产时间 |
|---|---|---|---|
| 6 | 中条山有色公司 | Ausmelt 炉熔炼 + Ausmelt 吹炼 | 1999 年 8 月 |
| 7 | 内蒙古金剑铜业公司 | Ausmelt 炉 | 2008 年 8 月 |
| 8 | 阳谷祥光铜业公司 | Outokumpu 闪速熔炼 + 闪速吹炼 | 2007 年 8 月 |

注：资料来源于 CNIA。

## 第二节 湿法炼铜

湿法炼铜是在常温、常压或高压下用溶剂使铜从矿石中浸出，然后从浸出液中除去各种杂质，再将铜从浸出液中用萃取-电积法提取出来。当前世界上铜产量约有 15% 由该法制得。对于氧化铜矿和自然铜矿，大多数可用溶剂直接浸出；而硫化铜矿则一般先经焙烧，然后溶浸，或用高压浸出。图 4-9 为氧化铜矿湿法生产铜的原理流程图。

火法炼铜与湿法炼铜的根本差别在于湿法浸出时，只有铜和少数其他成分溶解，绝大多数的脉石成分和杂质仍留在浸出渣中。湿法过程可在常温下进行，不需要更多的燃料；不造渣；产品输送方便；劳动条件较好；无烟害。从今后铜资源的变化情况看，铜矿日益贫化，将会遇到低品位难选复合矿处理的问题更多，这会促使湿法冶金向前发展。然而，湿法炼铜发展至今，尚有其不足之处，诸如适用范围还不如火法炼铜广，一般硫化矿用溶剂浸出比较困难，溶剂对设备有腐蚀，堆浸和地下浸出要特别注意浸出液泄漏污染问题。

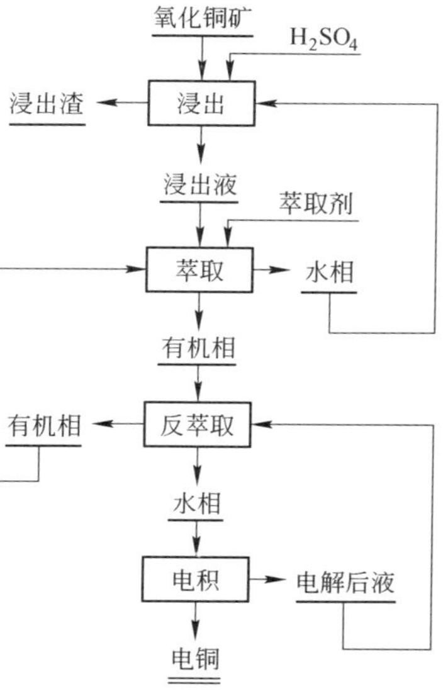


图 4-9 氧化铜矿湿法生产铜的原理流程图

总之，火法和湿法炼铜都各有利弊，选用哪种方法，应根据矿物的特点、当地的经济情况、交通运输情况、地理条件、气候条件，特别是应根据矿物特点（化学成分、物相组成、含铜量、脉石组成等）和当地经济条件（燃料、水、电、耐火材料等）而定。

# 第三章 铜材加工技术

中国铜加工技术与装备总体评价是：先进与落后并存。中铝洛阳铜业公司、宁波金田铜业公司、金龙精密铜管等大型企业，技术与装备已进入世界先进行列。但是多数中小企业，技术与装备还相当落后，产品质量不稳定，易造成环境污染，由此形成了中国铜加工业大而不强的现状，尚未从根本上改变国内高、精、尖铜加工产品仍然依靠进口的被动局面。不过，当前中国铜加工业生产技术及装备正在以较快的速度提高，涉及范围包括产品开发、技术和工艺创新、装备的研制等众多方面，特别是在节能、节材、缩短工艺流程、降低生产成本、增加产品品种、提高产品质量等方面取得重要进展，使中国铜加工业整体竞争力得到明显提升。

铜及合金加工包括合金制备、熔炼铸造、压力加工等重要工序，铜经过加工可以获得不同性能、不同颜色、不同形状的各种材料，用于国民经济和人民生活各方面；铜的加工已从原始个体劳动、简单火法熔炼、工具锤打等落后生产方式发展到今天高度现代化、微机控制、高度机械化的大工业。以压力加工为例，已形成感应电熔炼、连续铸锭、高精度热的铜制品有板、带、条、箔、管、棒、型、线等。为进一步提高生产效率、节省能源、节省金属损耗、保护环境，铜及合金熔炼与压力加工中采用了保护气体熔炼、无氧化加热、保护气体退火、无酸洗生产、板带材卷式生产法、管样材盘式生产法、线材连铸连轧法等，已成为重要的生产技术。进一步压缩热加工工序，实现铜材生产从原料直至加工材成品的连续化生产是今后铜加工的发展目标。

中国铜及合金习惯于按色泽进行分类，一般分为四大类，即紫铜、黄铜、青铜、白铜。

# 第一节 紫 铜

红铜即纯铜，又名紫铜（图 4-10）。纯铜的密度为 $8.96g/cm^3$，熔点为 1083℃，具有很好的导电性和导热性，塑性极好，易于热压和冷压力加工，大量用于制造电线、电缆、电刷、电火花专用电蚀铜等要求导电性良好的产品。

图 4-10 紫铜

紫铜因呈紫红色而得名。它不一定是纯铜，有时还加入少量脱氧元素或其他元素，以改善材质和性能，因此也归入铜合金。中国紫铜加工材按成分可分为：普通紫铜（T1、T2、T3、T4）、无氧铜（TU1、TU2 和高纯、真空无氧铜）、脱氧铜（TUP、TUMn）、添加少量合金元素的特种铜（砷铜、碲铜、银铜）四类。

紫铜的电导率和热导率仅次于银，广泛用于制作导电、导热器材。紫铜在大气、海水和某些非氧化性酸（盐酸、稀硫酸）、碱、盐溶液及多种有机酸（醋酸、柠檬酸）中，有良好的耐蚀性，用于化学工业。另外，紫铜有良好的焊接性，可经冷、热塑性加工制成各种半成品和成品。20 世纪 70 年代，紫铜的产量超过了其他各类铜合金的总产量。

紫铜中的微量杂质对铜的导电、导热性能有严重影响。其中钛、磷、铁、硅等显著降低电导率，而镉、锌等则影响很小。氧、硫、硒、碲等在铜中的固溶度很小，可与铜生成脆性化合物，对导电性影响不大，但能降低加工塑性。普通紫铜在含氢或一氧化碳的还原性气氛中加热时，氢或一氧化碳易与晶界的氧化亚铜（$Cu_2O$）作用，产生高压水蒸气或二氧化碳气体，可使铜破裂。这种现象常称为铜的“氢病”。氧对铜的焊接性有害。铋或铅与铜生成低熔点共晶，使铜产生热脆；而脆性的铋呈薄膜状分布在晶界时，又使铜产生冷脆。磷能显著降低铜的导电性，但可提高铜液的流动性，改善焊接性。适量的铅、碲、硫等能改善可切削性。

## 第二节 黄 铜

以锌作主要添加元素的铜合金，具有美观的黄色，统称黄铜（图 4-11）。铜锌二元合金称普通黄铜或称简单黄铜。三元以上的黄铜称特殊黄铜或称复杂黄铜。含锌低于 36%

图 4-11 黄铜

的黄铜合金由固溶体组成，具有良好的冷加工性能，如含锌30%的黄铜常用来制作弹壳，俗称弹壳黄铜或七三黄铜。含锌在36%～42%之间的黄铜合金由固溶体组成，其中最常用的是含锌40%的六四黄铜。

为了改善普通黄铜的性能，常添加其他元素，如铝、镍、锰、锡、硅、铅等。铝能提高黄铜的强度、硬度和耐蚀性，但使塑性降低，适合作海轮冷凝管及其他耐蚀零件。锡能提高黄铜的强度和对海水的耐腐性，故称海军黄铜，用作船舶热工设备和螺旋桨等。铅能改善黄铜的切削性能；这种易切削黄铜常用作钟表零件。黄铜铸件常用来制作阀门和管道配件等。

## 一、普通黄铜

普通黄铜是由铜和锌组成的合金。当含锌量小于39%时，锌能溶于铜内形成单相α，称单相黄铜，塑性好，适于冷热加压加工。当含锌量大于39%时，有α单相还有以铜锌为基的β固溶体，称双相黄铜，β使塑性小而抗拉强度上升，只适于热压力加工。若继续增加锌的质量分数，则抗拉强度下降，无使用价值。

普通黄铜的代号用“H＋数字”表示，H表示黄铜，数字表示铜的质量分数。如H68表示含铜量为68%，含锌量为32%的黄铜，铸造黄铜则在代号前加“Z”字，如ZH62，ZCuZn38表示含锌量为38%，余量为铜的铸造黄铜。H90、H80为单相黄铜，金黄色，如镀层、装饰品、奖章等。H68、

H59属于双相黄铜，广泛用于电器上的结构件，如螺栓、螺母、垫圈、弹簧等。

一般情况下，冷变形加工用单相黄铜，热变形加工用双相黄铜。

### 二、特殊黄铜

在普通黄铜中加入其他合金元素所组成的多元合金称为黄铜。常加入的元素有铅、锡、铝等，相应地可称为铅黄铜、锡黄铜、铝黄铜。加合金元素的目的主要是提高抗拉强度，改善工艺性。

特殊黄铜的代号用“H＋主加元素符号（除锌外）＋铜的质量分数＋主加元素质量分数＋其他元素质量分数”表示。如：HPb59-1表示铜的质量分数为59%，含主加元素铅的质量分数为1%，余量为锌的铅黄铜。

## 第三节 青 铜

青铜原指铜锡合金（图4-12），后来除黄铜、白铜以外的铜合金均称青铜，并常在青铜名字前冠以第一主要添加元素的名称。锡青铜的铸造性能、减摩性能好和力学性能好，适合于制造轴承、蜗轮、齿轮等。铅青铜是现代发动机和磨床广泛使用的轴承材料。铝青铜的强度高，耐磨性和耐蚀性好，用于铸造高载荷的齿轮、轴套、船用螺旋桨等。铍青铜和磷青铜的弹性极限高，导电性好，适于制造精密弹簧和电接触元件，铍青铜还用来制造煤矿、油库等使用的无火花工具。

图 4-12　青铜

## 一、锡青铜

以锡为主加元素的铜锡合金也称为锡青铜。

当含锡量小于 5% ~6% 时，锡溶于铜中形成固溶体，塑性上升，当含锡量大于 5% ~6% 时，由于出现了 $Cu_{31}Sb_8$ 为基的固溶体，抗拉强度下降，所以锡青铜含锡量大多在 3% ~14% 之间，当含锡量小于 5% 时，适用于冷变形加工，当含锡量为 5% ~7% 时，适用于热变形加工。当含锡量大于 10% 时，适用于铸造。成分中的锡氮化后生成致密的二氧化锡薄膜，对大气、海水等的耐蚀性上升，只是耐酸性较差。因为锡青铜结晶温度范围较宽，流动性差，不易形成集中缩孔，而易形成枝晶偏析和分散缩孔，铸造收缩率小，有利于获得尺寸极接近于铸型的铸件，所以适于铸造形状复杂、壁厚较大的铸件，而不适宜铸造要求致密度高和密封性好的铸件。锡青铜有良好的减摩性、抗磁性及低温韧性。锡青铜按生产方法可分为压力加工锡青铜与铸造锡青铜两大类。

（1）压力加工锡青铜：含锡量一般小于8%，易通过冷热压力加工成板、带、棒、管等型材供应，经加工硬化后，其抗拉强度、硬度上升，而塑性下降。再退火后可在保持较高抗拉强度的前提下改善塑性，尤其是获得高的弹性极限。适于制造仪表上的耐蚀件、耐磨件、弹性件、抗磁件及机器中的滑动轴承、轴套等。

（2）铸造锡青铜：以铸锭供应，由铸造车间铸成铸件使用，适宜铸造形状复杂但致密度要求不高的铸件，如滑动轴承、齿轮等。

### 二、特殊青铜

加入其他元素以取代锡，或为无锡青铜，多数特殊青铜都比锡青铜具有更高的耐磨性与耐蚀性，常用的有铝青铜、铅青铜等。

## 第四节　白　　铜

以镍为主要添加元素的铜基合金呈银白色，称为白铜（图4-13）。镍含量通常为10%、15%、20%，含量越高，颜色越白。铜镍二元合金称普通白铜，加锰、铁、锌和铝等元素的铜镍合金称为复杂白铜，纯铜加镍能显著提高强度、耐蚀性、电阻和热电性。工业用白铜根据性能特点和用途不同分为结构用白铜和电工用白铜两种，结构白铜的特点是力学性能和耐蚀性好，色泽美观。这种白铜广泛用于制造精密机械、化工机械和船舶构件。电工白铜一般有良好的热电性能。

图 4-13　白铜

锰铜、康铜、考铜是含锰量不同的锰白铜，是制造精密电工仪器、变阻器、精密电阻、应变片、热电偶等用的材料。

铜加工产品包括板、带、条、箔、管、棒、型、线等。

铜及铜合金产品生产技术主要是指合金熔炼、铸锭、板带材、管棒材和线材的加工制造技术。随着科学技术的进步，铜及铜合金产品的生产已高度现代化和自动化，成为现代大工业生产的重要组成部分。铜加工技术正沿着高效、节能、环保、自动化、连续化方向迅速发展，与之相适应的现代加工装备和在线产品检测技术也有很大发展。

图 4-14 为铜加工厂工艺流程示意图。

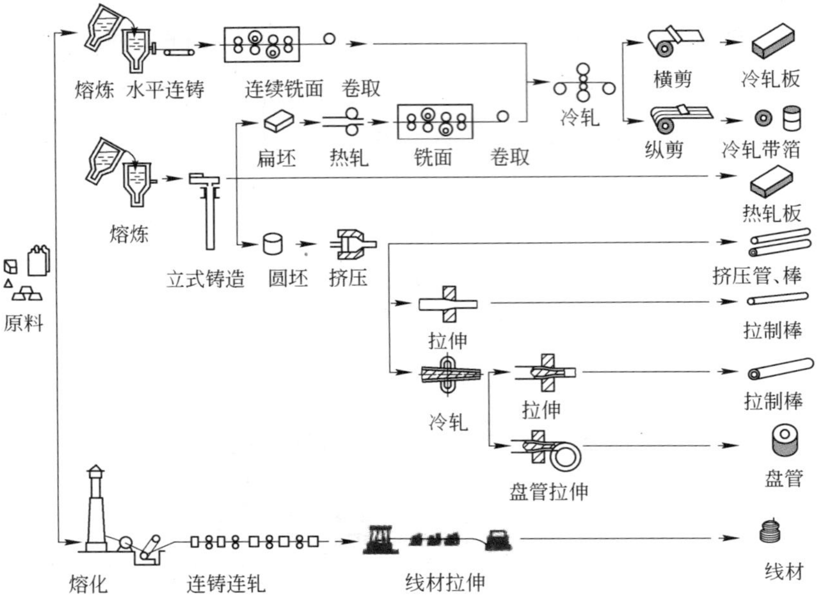


图 4-14 铜加工厂工艺流程示意图

## 第五节 铜及铜合金熔炼与铸锭

铜及铜合金熔炼与铸锭的任务是向压力加工车间提供化学成分符合标准和技术条件规定的锭坯，同时还必须满足压力加工车间对锭坯尺寸、形状、内在和表面品质等方面的要求。

熔炼方法有反射炉熔炼、感应熔炼、真空熔炼等多种；铸锭方法有模型铸造、半连续铸造、连续铸造等多种形式。

随着技术的发展，铜合金熔炼与铸造生产已实现连续化生产，技术装备多以熔炼铸造联合机组形式出现。现代铜及合金熔炼铸造的主要方式是感应熔炼与半连续铸造，反射炉熔炼多用电解阳极和再生原料生产；半连续铸造技术发展迅速，为实现生产连续化和缩短生产工艺流程做出了重要贡献，具有广阔的应用和发展空间。

## 第六节　铜线坯（杆）连铸连轧

铜线坯是生产铜导线的坯料，用量巨大，铜线杆的现代生产方法是连铸连轧。连续连轧铜线杆的生产方法是熔铜与铜线坯热连轧的结合，具有生产连续化、自动化、产量高等优点，因而在世界各国都成为主要的生产方法，按铸造方式又可分为轮式铸造和履带式铸造等形式。常用连铸连轧机列由铜熔化炉、保温炉、铸造机、连轧机、收线机等组成。

## 第七节　高精铜及铜合金板带材生产

铜及铜合金板带材约占铜加工材总量的20%～25%，主要用于电子、电力、交通、建筑、机械制造等领域。现代技术工程对铜及合金板带的要求是高尺寸精度、高表面品质、性能一致、板形优良，同时尺寸规格向大宽度、超薄等方向发展。为区别传统板带材产品，现代铜板带称为高精度铜板带。其中重要的热点产品有：汽车水箱带、集成电路引线框架带、箔绕式变压器带、射频电缆带、插接无件带材。

板带材的生产方法，除宽厚板外，基本采用带式生产。

工艺流程如下：

配料—熔炼—铸造—均匀化退火—铣面铣边—粗轧—退火—中轧—退火—精轧—剪切—包装

## 第八节 管、棒、型材生产

### 一、管材生产

纯铜管材的生产方法有：热挤压—高速周期式冷轧管—盘管拉伸，水平连铸—行星轧管—盘管拉伸，上引连铸—盘管拉伸。

铜合金管的生产方法基本为热挤压—周期式高速轧管—直线式拉伸。

大口径铜及合金管材的生产方法有：热挤压成品管材，热挤压—直线式拉伸、扩径拉伸法，热穿孔—直线式拉伸，热挤压—直线式拉伸—冷旋压。

图 4-15 为铜和铜合金管材加工流程图。

### 二、棒材、型材生产

中小规格棒型材的主要生产方法有：热挤压成盘—圆盘拉伸—直线式拉伸；上引连铸坯料—直线式拉伸；孔型轧制—盘拉—直线式拉伸；大规格棒型材主要采用热挤压或热型

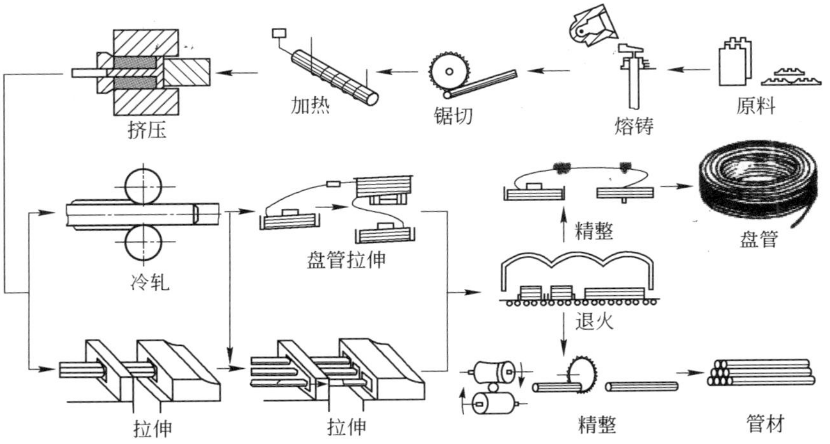


图 4-15　铜和铜合金管材加工流程图

轧—直线式拉伸；对于纯铜类小型材，连续挤压工艺得到迅速发展。

### 三、线材生产

纯铜线材多采用连铸连轧铜线杆或上引铜线杆—多模连续拉伸法，合金线材多采用热挤压卷坯、水平连铸卷坯—多次拉伸法。

## 第九节　铜及合金线材生产

纯铜线材用途非常广泛，主要用于电线、电缆行业及电传导等各领域，铜合金线材主要用于接插元件、焊丝、家电各方面。

线材生产中的线坯可由连铸连轧、上引、水平连铸、挤压等多种方法供给。线材拉伸方式有单模、单线多模连续拉伸、多线多模连续拉伸 3 种。纯铜线多由连铸连轧供给直径 8mm 铜线杆或者由上引法供给线坯，初拉多采用单模拉伸，中拉采用单线多模拉伸，细拉工序可采用多线多模拉伸。铜合金线多由挤压、水平连铸、上引供给线坯，多采用单模拉伸、单线多模拉伸。

# 第四章 再生铜技术

再生铜产业是铜产业链中十分重要的环节，不仅可以缓解铜精矿供应压力，而且还可有效降低能源消耗及污染物排放，促进铜工业节能减排、清洁生产和碳排放。近几年中国再生铜产业得到快速发展，再生铜产量增长较快。

再生铜原料主要是报废的含铜废件，生产铜、铜合金及其机械加工过程中的废料、铜渣和烟尘等。

工业发达国家如美国、德国、奥地利、日本等，从废料中回收的铜占铜总消耗量的 40% ~50% 。国外对废杂铜的回收拆解是一个相当成熟的产业，从金属拆解、分选、打包到运输，全部为自动化的机械设备。对废杂铜的利用主要以直接利用为主，约占一半以上，其次是通过精炼生成精铜。

铜废料有两种再生利用途径，即生产再生精铜和直接熔炼成铜合金使用。此外采用湿法冶金从铜废料中生产铜的化工产品，也很值得重视。当用火法冶金处理铜废料时，首先要将铜废料进行严格分类，高品位纯铜料或牌号明确的废铜合金料，可直接冶炼成铜锭或相应铜合金。较单纯的杂铜废料可熔炼成合金或铜阳极进行电解精炼得到电解铜；品质复杂的废铜料可用熔炼炉—吹炼炉—阳极炉—电解精炼流程生产铜。目前国际上比较先进的再生铜生产工艺是卡尔多炉、艾萨/奥斯麦特炉、倾动炉、永久阴极电解的废杂铜处理工艺流程，如图4-16所示。

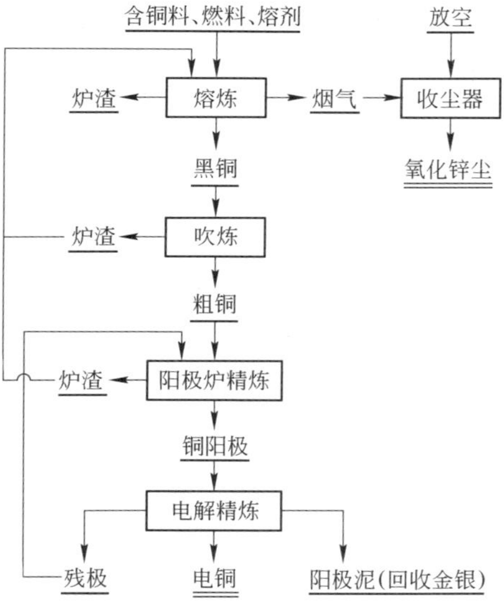


图4-16　铜再生工艺流程图

含铜废料的湿法冶金处理也需要仔细备料，将铜废料进行严格分类处理。根据不同情况采用化学溶解（酸溶解、氨溶解、氯盐溶解等）以及电化学（电解溶解）溶解铜废料。

溶解后溶液经净化脱除杂质后得到纯铜溶液用以制取金属铜或铜工产品。采用湿法冶金处理铜废料，流程较简单，金属分离效果好，金属回收率高，工艺适应性强，环境保护好，规模可大可小，投资省，经济效益高，因而应加强研究和大力推广。

第五篇

# 铜市场分析

## 第一章　价格、交易方式

铜作为一种资源性产品，具有一定的稀缺性，随着消费需求的增长，铜价也在不断上涨，如图 5-1 所示。

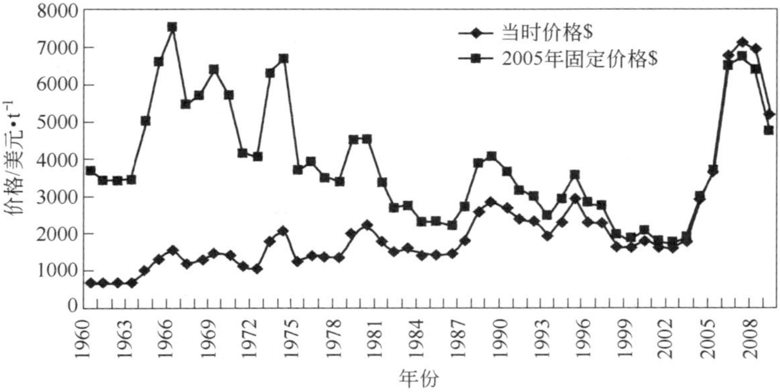


图 5-1　铜价走势图

（资料来源：国际铜研究组（英文简写“ICSG”））

同时，铜兼具商品性和金融性，铜价不仅受供求影响，还受宏观经济环境、资金炒作等因素的影响，价格浮动较大。2012 年 LME 三月期铜均价 7946 美元/t，SHFE 三月期铜均价 57318 元/t。表 5-1 为 2000～2012 年 LME 和 SHFE 年度铜价情况。

**表 5-1 2000～2012 年 LME 和 SHFE 年度铜价情况**

| 年 份 | LME/美元·$t^{-1}$ | | SHFE/元·$t^{-1}$ | |
|---|---|---|---|---|
| | 当月期铜 | 三月期铜 | 当月期铜 | 三月期铜 |
| 2000 年 | 1813 | 1840 | 18314 | 18800 |
| 2001 年 | 1578 | 1598 | 15934 | 16127 |
| 2002 年 | 1559 | 1578 | 15525 | 15753 |
| 2003 年 | 1779 | 1787 | 18131 | 18161 |
| 2004 年 | 2865 | 2790 | 27554 | 26525 |
| 2005 年 | 3678 | 3504 | 34801 | 33358 |
| 2006 年 | 6721 | 6637 | 62170 | 61617 |
| 2007 年 | 7117 | 7088 | 62211 | 62057 |
| 2008 年 | 6955 | 6887 | 54856 | 53907 |
| 2009 年 | 5149 | 5171 | 41893 | 41389 |
| 2010 年 | 7534 | 7550 | 59225 | 59296 |
| 2011 年 | 8820 | 8834 | 66010 | 65757 |
| 2012 年 | 7950 | 7946 | 57348 | 57318 |

注：资料来源于 ICSG。

## 第一节 铜 期 货

铜期货就是以铜作为标的物的期货品种，是在 LME、COMEX、上海交易所上市的期货品种，交易代码：CU。铜期货交割品号及质量标准：铜期货合约标的物在 1998 年 9 月起全部执行 GB/T 467—1997 标准，高纯阴极铜和标准阴极铜均可交割，没有质量升贴水，只有品牌升贴水。

影响价格变动的因素有：

（1）供求关系：生产量、消费量、进出口量、库存量；

（2）国际国内经济形势：铜是重要的工业原材料，其需求量与经济形势密切相关；

（3）进出口政策、关税：长期以来由于中国是个铜资源不足的用铜大国，因而在进出口方面一直采取“宽进严出”的政策，近几年随着全球经济一体化的进展，铜基本可以自由进出口，从而使国内国际铜价互为影响；

（4）国际上相关市场的价格：例如 LME、COMEX 价格影响；

（5）行业发展趋势及其变化；

（6）铜的生产成本；

（7）国际对冲基金及其他投机资金的交易方向；

（8）有关商品如石油、汇率等价格的波动也会对铜价产生影响。

自从 1877 年伦敦金属交易所（LME）的雏形形成至今，铜就是 LME 最早进行交易的品种之一了。目前国外从事铜期货交易的机构主要有伦敦金属交易所（LME）和纽约商品交易所（NYMEX-COMEX）。LME 的铜的报价是行业内最具权威性的报价，其价格倾向于对贸易方面进行客观的反映，而 COMEX 的价格则更具投机性。国内铜的期货交易自 1991 年推出以来，也有 20 多年的历史了。铜是国内历经风雨却仍然保持相当规模的唯一品种。SHFE 和现货以及 LME 三者价格趋于一致。国内铜期货交易未曾发生重大风险，履约率

100%，铜的期货价格已经成为国内行业的权威报价，日益受到企业和投资者的重视。因此，铜期货交易合约已成为可靠的投资和套期保值工具。

## 第二节 伦敦金属交易所

伦敦金属交易所（LME）是世界上最大的有色金属交易所，伦敦金属交易所的价格和库存对世界范围的有色金属生产和销售有着重要的影响。在19世纪中期，英国曾是世界上最大的锡和铜的生产国。随着时间的推移，工业需求不断增长，英国又迫切地需要从国外的矿山大量进口工业原料。从21世纪初起，伦敦金属交易所开始公开发布其成交价格并被广泛作为世界金属贸易的基准价格。世界上全部铜生产量的70%是按照伦敦金属交易所公布的正式牌价为基准进行贸易的。

LME采用国际会员资格制，其中多于95%的交易来自海外市场。交易品种有铜、铝、铅、锌、镍和铝合金。交易所的交易方式是公开喊价交易，此种交易在“圈”内进行，也被称作是“圈内交易”，它的运行有24h电话下单市场与LME select屏幕交易系统的支持。LME每天都公布一系列官方价格，这些价格在业内被作为金属现货合同定价的依据。

LME是世界上最大的铜期货交易市场，成立于1876年，交易品种有铜、铝、铅、锌、镍和铝合金。铜的期货交易始于1877年，进行交易的铜有两种：

（1）阴极铜：A 级铜；

（2）铜棒：规格标准为质量在 110 ~ 125kg 之间的 A 级铜。

其中阴极铜的交易最为活跃。所有交割的铜必须有伦敦交易所核准认可的 A 级铜的牌号，符合英国 BS6017—1981 标准分类规格。

A 级电解铜的合约规则为：

合约数量单位：25t；

报价：美元/t；

价格波动最低幅度：0.5 美元/t；

交割日期：三个月内为任何一个交易日、三个月以上至十五个月为每个月第三个星期三；

交易时间：12：00 ~ 12：05；12：30 ~ 12：35（正式牌价）；15：30 ~ 15：35；16：15 ~ 16：20；

LME 无涨跌停板限制。

## 第三节　上海期货交易所

上海期货交易所（Shanghai Futures Exchange，缩写为 SHFE）是依照有关法规设立的，履行有关法规规定的职能，按照其章程实行自律性管理的法人，并受中国证监会集中统一监督管理。上海期货交易所目前上市交易的有黄金、铜、铝、锌、螺纹钢、线材、燃料油、天然橡胶八种期货合约。上海期货交易所现有会员 200 多家，其中期货经纪公司会员占80%以上，已在全国各地开通远程交易终端250多个。

随着市场交易的持续活跃和规模的稳步扩大，市场功能及其辐射影响力显著增强，铜期货价格作为世界铜市场三大定价中心权威报价之一的地位进一步巩固；天然橡胶期货价格得到国内外各方的高度关注；燃料油期货的上市交易开启了能源期货的探索之路。

## 第四节　纽约商业交易所

纽约商业交易所（COMEX）地处纽约曼哈顿金融中心，与纽约证券交易所相邻。它的交易主要涉及能源和稀有金属两大类产品，但能源产品交易大大超过其他产品的交易。交易所的交易方式主要是期货和期权交易，到目前为止，期货交易量远远超过期权交易量。

纽约商业交易所在纽约的商业、城市和文化生活中扮演着重要的角色。它为金融服务业以及工业联盟提供了成千上万的工作岗位，并且通过其自身成立的慈善基金会支援市内社区的文化和社会服务项目，拓展其为大都市的慈善事业所作出的努力。

在NYMEX分部，通过公开竞价来进行交易的期货和期权合约有原油、汽油、燃油、天然气、电力，煤、丙烷、钯的期货合约，该交易所的欧洲布伦特原油和汽油也是通过公开竞价的方式来交易的。在该交易所上市的还有能源期货、部分轻质低硫原油和天然气期货合约，在能源市场中作为一种有效的参与手段为小投资者和商人提供了机遇。合约通过芝加哥商业交易所的GLOBEX？电子贸易系统进行交易，通过纽约商业期货交易所的票据交换所清算。

在COMEX分部上市的有金、银、铜、铝的期货和期权合约。在交易场地关闭的18个小时里，NYMEX分部和COMEX分部的能源与金属合约可以通过建立在互联网上的NYMEXACCESS？电子交易系统来进行交易，这样就可以使日本、新加坡、香港、伦敦以及瑞士的参与者们在他们的正常工作时间内积极主动地参与到能源和金属期货市场。市场的诚信是通过市场、交易和财务监督系统来保证的。票据交换所作为每一笔交易的最终交易对象，面对卖主时它扮演着买主的角色，而面对买主时又扮演着卖主的角色。通过票据交换所的保证金制度，减轻了市场参与者在交易所进行交易时交易双方的信誉风险。

纽约商业交易所进行期货交易的铜，一般是高级电解铜，但其他品质的熔炼铜等也可以通过折算后进行交割，除此之外，COMEX还进行铜的期权交易。

COMEX铜期货合约（高级铜）：

交易单位：25000磅；

交割等级：1号电解铜；

报价方式：每磅美分；

最小价格变动：0.05美分/磅；

每日停板额：20美分/磅；

交易时间：纽约时间9：25 ~ 14：00；

合约月份：连续3个月及23个月内的1、3、5、7、9、12月；

最后交易日：交割月的倒数第三个营业日。

# 第二章 生产与消费

## 第一节 世界铜产品生产与消费

据美国地质调查局统计，2012年全球铜储量6.8亿吨，储量较多的国家有智利、秘鲁、澳大利亚、墨西哥、美国、中国、印度尼西亚和俄罗斯等，这些国家的储量占全球的76.03%，如图5-2所示。

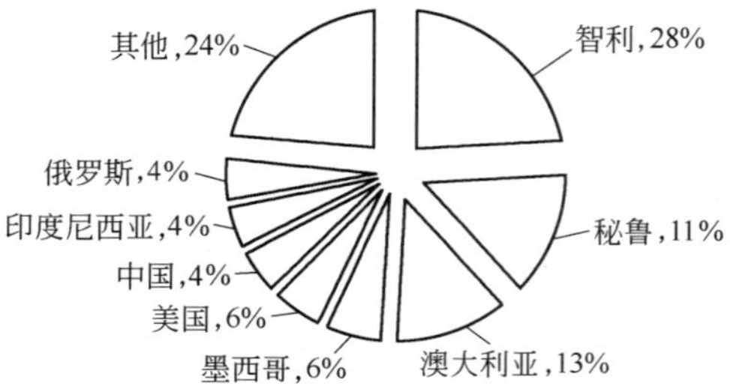


图5-2 世界铜资源分布图

（资料来源：美国地质调查局、CNIA）

根据ICSG数据，2012年全球矿产铜产量1670.1万吨，同比增长3.74%，如图5-3所示，主要产地南美洲、北美、亚洲（除东盟/独联体）和美洲。

精铜产量达2011.4万吨，比2011年增加2.58%，如图

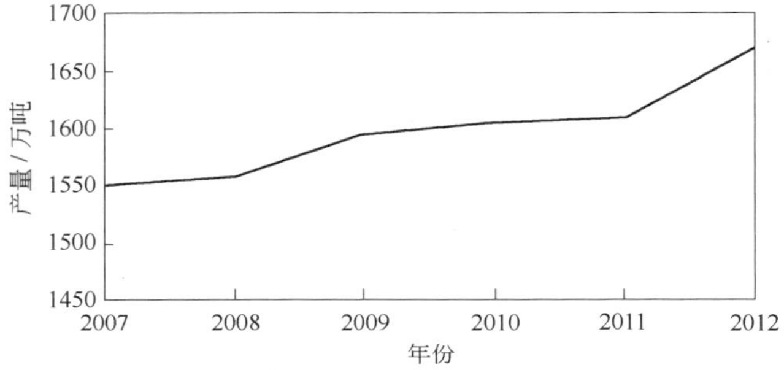


图 5-3　2007 ~2012 年世界铜矿产量

（资料来源：ICSG、CNIA）

5-4 所示，主要产区依次是亚洲（除东盟/独联体）、南美洲、欧盟和北美地区，分国别产量如图 5-5 所示。

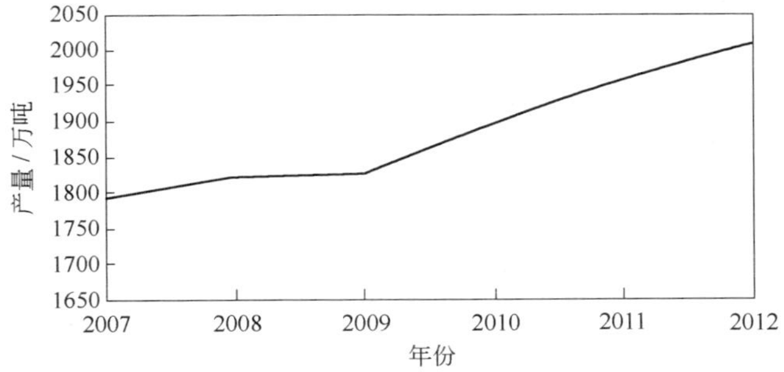


图 5-4　2007 ~2012 年全球精铜产量变化图

（资料来源：ICSG、CNIA）

2012 年全球精铜消费达到 2051.1 万吨，同比增长 3.32%，如图 5-6 所示。主要消费地区为亚太地区、欧盟和北美。随着全球经济的好转，欧盟、美国和日本等发达国家的制造业保持了良好扩张势头，这些地方的消费量出现反

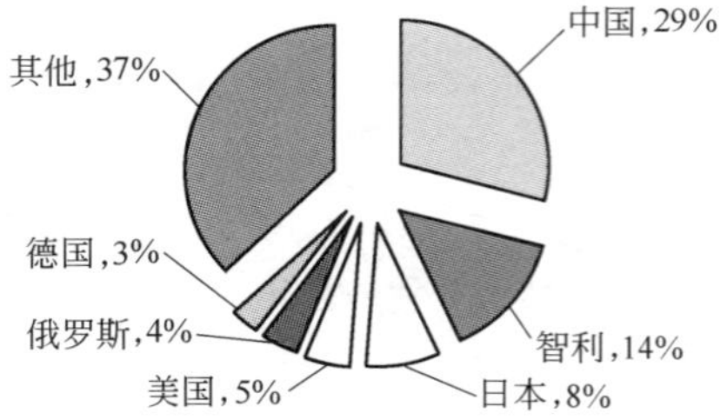


图 5-5 2012 年主要产铜国精铜产量分布图

（资料来源：ICSG、CNIA）

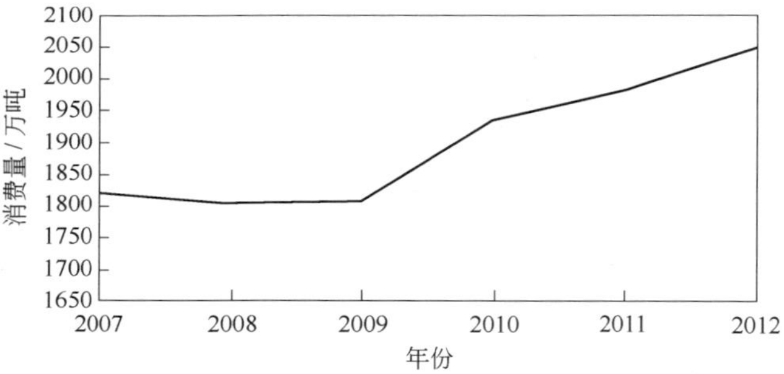


图 5-6 2007～2012 年全球精铜消费量变化图

（资料来源：ICSG、CNIA）

弹，中国消费量保持稳定增长。从国外铜的消费结构看，建筑业是目前铜消费的最大领域，占总用量的 42%，其次是电力和信息（占 26%）、交通运输（占 12%）和机械制造（占 11%）等领域。尽管在通讯系统中光导纤维取代了铜，但随着铜在其他应用领域范围的不断拓展，世界精铜消费量还将不断增加。

2012 年全球铜材产量 2070. 45 万吨，如图 5-7 所示，主要产地为中国、德国、意大利、日本和韩国等国家，这些国家的产量占全球的80%以上。

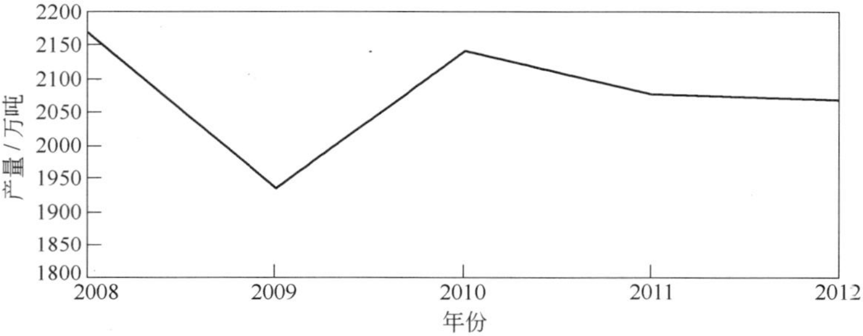


图5-7　2008～2012年全球铜材产量变化图

（资料来源：ICSG、CNIA）

## 第二节　中国铜产品生产与消费

从2006年开始，中国精铜产量已连续7年居世界第一，2012年（快报数，下同）精铜产量达到582万吨，占全球的29%；铜材产量1154万吨，占全球的56%，连续10年居世界第一。近五年来，中国铜产品产量持续增长，其中精铜以每年新增30万～40万吨的速度增长，铜材的增长速度更是迅猛，年均为90万吨的增加量，但是，相对产业下游的迅速增长，由于资源条件限制，上游矿山产量增长较缓，如图5-8所示。

工业总产值不断提高。据中国有色金属工业协会统计，2012年中国铜矿采选业共实现工业总产值（现价）706.42亿元，较2011年同期增加了96亿元；工业销售产值（当年

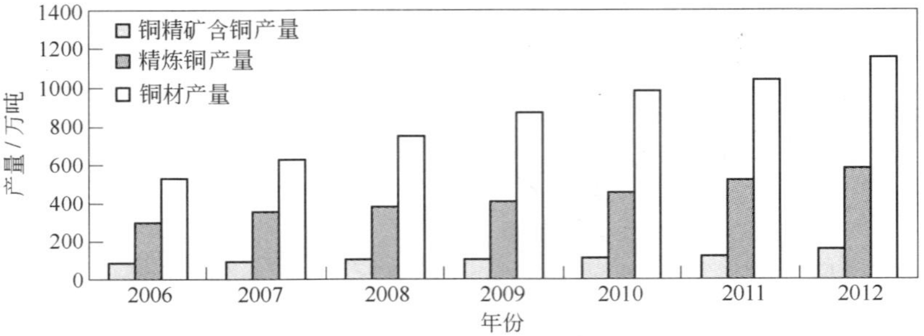


图 5-8　2006～2012 年中国铜产品产量图

（资料来源：CNIA）

价格）694.62 亿元，同比增加 105 亿元。铜冶炼业共实现工业总产值（现价）5316 亿元，同比增加 361 亿元；工业销售产值（当年价格）5178 亿元，同比增长 312 亿元。铜压延加工（铜、铝）共实现工业总产值（现价）8275 亿元，工业销售产值 8176 亿元。

## 一、铜矿产开发利用现状

中国铜矿资源开发优势不足，从而导致较长时期内中国矿产铜产量一直徘徊不前。特别在 2000～2003 年期间，国内外市场铜价低位运行，使国内铜精矿年产量（金属含量）一直在 60 万吨以下徘徊。虽然近年来在铜价的高位运行下中国加大了矿业开发的力度，铜精矿含铜产量增长较快，但仍远不能满足国内对铜的需求。铜原料供应短缺，自给率逐年降低，已经成为制约中国铜工业发展的瓶颈，如图 5-9 所示。

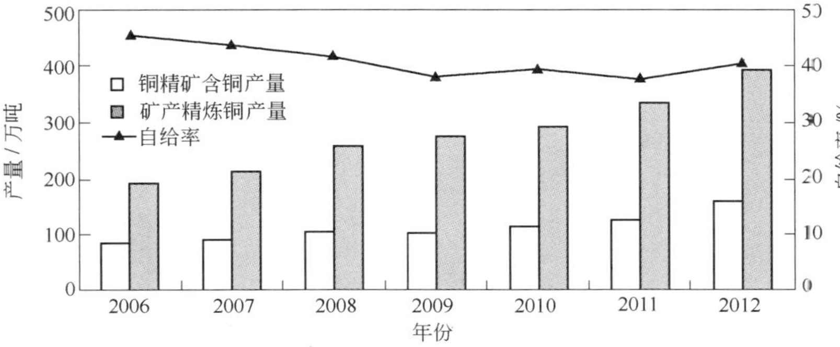


图 5-9　中国铜矿产开发利用现状

（资料来源：CNIA）

## 二、铜冶炼发展现状

“十一五”规划期间粗铜冶炼保持了较快的增长，产能不断增大。随着金川、江铜、铜陵有色、大冶有色、祥光铜业公司、中条山有色公司等改扩建项目的建成，未来几年中国铜粗炼产能将进一步扩大。中国现有粗铜冶炼厂约 30 多家，主要分布在江西、安徽、甘肃、云南、山东、湖北和内蒙古等省区。

中国精炼铜产量一直保持逐年增加的态势，到 2012 年，中国精炼铜产量达到了 582 万吨，比 2000 年的 137. 11 万吨增长了 4. 24 倍，年增长率 12. 8%，如图 5-10 所示。同时，企业规模不断扩大。2010 年中国前 10 名的铜冶炼企业精炼铜产量达到 329. 85 万吨，占总产量的 72. 12%，比 2009 年的 77. 18% 有所下降。但是，企业之间的产量差距更加明显，前2名的企业产量超过了80万吨，其中位居第一的企业产量达到90.2万吨。

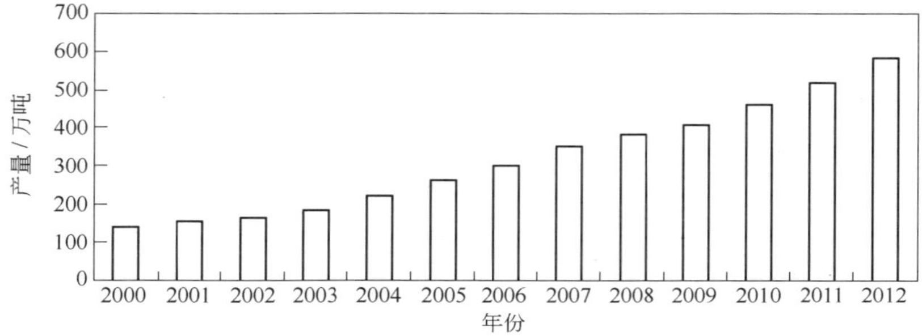


图5-10 2000~2012年中国精炼铜产量变化情况图

（资料来源：CNIA）

## 三、铜加工发展现状

随着国民经济的发展，尤其是电力、家用电器、仪器仪表及电子电器行业的快速发展，对铜材的需求日益增加，中国铜加工行业迅速崛起，实现了跨越式发展。自2002年起，中国铜材产量已连续11年居世界第一位，已成为铜材生产大国，产品种类较齐全，产业规模不断扩大，产业结构逐步优化。目前，中国铜加工企业总数在1200家左右，生产能力超过1200万吨，并涌现出了一批如宁波金田铜业集团、金龙精密铜管集团、海亮集团公司、中铝洛铜公司等年产10万吨以上铜材的企业。2012年铜材产量达到1153.96万吨，约占全球铜材产量的半数以上，2000~2012年的年均增长率17.9%，如图5-11所示。

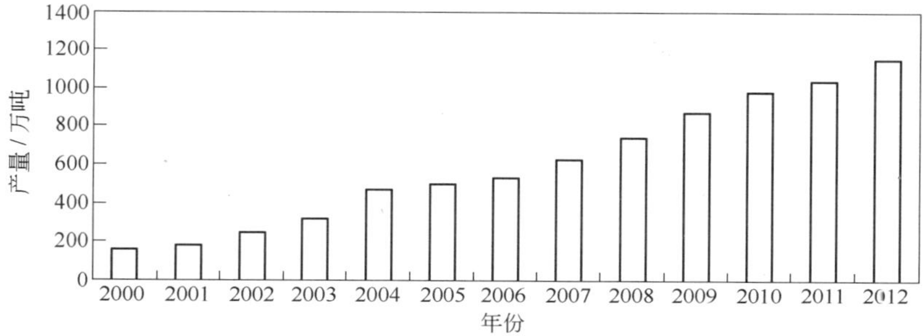


图 5-11　2000～2012 年中国铜材产量变化情况图

（资料来源：CNIA）

中国铜加工材生产地域分布比较集中，基本分布与电力电气、仪器仪表、家用电器、五金轻工等行业分布有着相当强的一致性，集中于珠江三角洲、长江三角洲、环渤海等经济发达地区。

# 第三章　进出口贸易

“十一五”规划期间中国铜产品进出口贸易十分活跃，贸易额成倍增长，是有色金属中最重要的对外贸易产品，也是贸易逆差最大的品种。在进口方面，以未锻轧铜、粗铜、铜矿、铜废碎料等原料为主；出口方面，以铜管、铜丝、铜板带等铜加工材为主。2012 年，铜产品进出口贸易总额达 768.5 亿美元，占有色金属贸易总额的 46.18%，是 2006 年的 2.77 倍，占比提高了 3.72 个百分点，如表 5-2所示。

**表 5-2 2006～2012 年铜产品进出口贸易情况**

（亿美元）

| 年 份 | 2006 年 | 2007 年 | 2008 年 | 2009 年 | 2010 年 | 2011 年 | 2012 年 |
|---|---|---|---|---|---|---|---|
| 铜产品贸易总额 | 277.85 | 396.46 | 407.53 | 403.59 | 618.34 | 746.84 | 768.5 |
| 铜产品出口额 | 52.11 | 47.75 | 50.33 | 31.68 | 41.94 | 60.24 | 65.1 |
| 铜产品进口额 | 225.74 | 348.71 | 357.2 | 371.91 | 576.4 | 686.6 | 703.4 |
| 铜产品进出口逆差 | 173.63 | 300.96 | 306.87 | 340.23 | 534.46 | 626.36 | 638.3 |
| 有色金属贸易总额 | 654.3 | 875.08 | 873.65 | 831.98 | 1203.42 | 1606.77 | 1664.3 |
| 所占比例/% | 42.46 | 45.31 | 46.65 | 48.51 | 51.38 | 46.48 | 46.18 |

注：资料来源于 CNIA。

随着国内消费需求的不断增长，再加上冶炼产能的增长，对铜产品和铜原料的进口越来越大，而国内生产技术提高，对铜材的进口量逐渐减少。据中国有色金属工业协会统计，2012 年中国铜产品进口总体呈现增长态势，其中，铜矿进口 782.7 万吨，比 2000 年增长了 4.3 倍；再生铜产业的发展，拉动了铜废碎料的进口，2012 年共进口了 436.4 万吨，同比增长 3.53%，是 2000 年的 1.9 倍；近两年的粗铜进口增长最大，进口量 52.3 万吨，同比增长 20.4%。由于国内铜材加工技术的不断提高，铜材进口由最初的增长到减少，2012 年达到 67 万吨，这与 2000 年的进口量相比有所减少；未锻轧铜 345.53 万吨，比 2000 年进口量增长了 5 倍。因此 2012 年进口量依旧属于较高水平，如表 5-3 所示。

**表 5-3　2000 ~ 2010 年铜产品进出口情况**　（万吨）

| 品种 | 项目 | 2000年 | 2001年 | 2002年 | 2003年 | 2004年 | 2005年 | 2006年 | 2007年 | 2008年 | 2009年 | 2010年 | 2011年 | 2012年 |
|---|---|---|---|---|---|---|---|---|---|---|---|---|---|---|
| 未锻轧铜 | 进口 | 68.7 | 86.3 | 122.5 | 143.8 | 126.6 | 44.8 | 88.0 | 155.3 | 150.4 | 323.8 | 298.3 | 287.4 | 345.5 |
| | 出口 | 11.6 | 5.1 | 7.7 | 6.5 | 12.4 | 14.1 | 24.3 | 12.6 | 9.6 | 7.3 | 3.9 | 15.6 | 27.4 |
| 铜材 | 进口 | 73.7 | 74.1 | 91.8 | 105.6 | 119.5 | 118.7 | 109.2 | 105.3 | 93.5 | 82.4 | 91.1 | 78.2 | 66.9 |
| | 出口 | 13.7 | 12.4 | 11.2 | 23.3 | 39.0 | 46.4 | 55.9 | 49.9 | 51.8 | 45.5 | 50.9 | 50.0 | 49.3 |
| 铜废碎料 | 进口 | 250.1 | 333.5 | 308.0 | 316.2 | 395.8 | 482.1 | 494.3 | 558.5 | 557.7 | 399.8 | 436.4 | 468.7 | 485.9 |
| | 出口 | 1.0 | 1.0 | 0.8 | 0.8 | 0.9 | 0.6 | 0.7 | 0.5 | 0.3 | 0.2 | 0.2 | 0.2 | 0.1 |
| 粗铜 | 进口 | 12.5 | 9.1 | 10.5 | 12.3 | 11.4 | 12.9 | 8.8 | 17.3 | 19.8 | 22.8 | 39.9 | 41.6 | 52.3 |
| | 出口 | 0.2 | 0.2 | 0.3 | 0.2 | 0.1 | 0.4 | 0.3 | | 0.6 | | | 0 | 0 |
| 铜矿 | 进口 | 181.3 | 225.5 | 206.5 | 267.0 | 288.1 | 405.9 | 361.2 | 451.6 | 519.2 | 613.2 | 646.8 | 637.6 | 782.7 |
| | 出口 | 4.0 | 2.0 | 3.6 | 6.2 | 1.4 | | | | 0.2 | | | 0 | 0 |

注：资料来源于 CNIA。

# 第四章　未来消费预测

## 第一节　全球产量与消费态势

根据目前国际经济形势和市场走势来看，预计到 2015 年世界矿铜产量将超过 1900 万吨，而能源价格的大幅上涨也使得除中国以外的全球冶炼企业扩产的速度继续放缓，精炼铜产量在 2200 万吨左右，精炼铜消费将在 2200 万 ~ 2230 万吨以上，全球供需将基本持平或略有短缺。

与此同时，废杂铜资源也将得到进一步有效回收利用，但其产量占精铜产量的比例增加较慢，主要是考虑到金融危机爆发后，全球消费格局将有可能发生变化，全球废铜供应增幅将有所放缓。综上所述，总体上 2010 ~ 2015 年期间铜精矿和废杂铜等原料的供应能够满足未来世界铜消费增长的需求。

## 第二节 国内铜市场

中国目前仍正处于快速工业化进程之中，对原材料的需求量不断增加。铜作为国民经济的重要基础原材料，随着经济的发展和人民生活水平的提高，在电力、信息、交通、机械、建筑等领域的应用持续增长，其中交通运输占铜消费的比例增长较快。对比世界发达国家的消费结构，目前中国在建筑领域、交通运输的铜消费比重偏低。可以预计，随着人们生活水平的提高，建筑、交通运输领域的铜消费还会有较大的增加。

电力行业：由于国家不断加大投资力度，加快电力工业发展，根据有关数据显示，到 2015 年装机容量将达到 12.2 亿 ~ 12.8 亿千瓦，“十二五”规划期间每年新增装机的容量降到 6000 万千瓦，根据每万千瓦装机需要 250t 铜导体计算，新增铜需求量在 150 万吨左右。

信息产业：“十二五”规划期间，信息产业将着重发展装备制造业、信息化工程等一些带动性强的项目，带动信息技术产业、信息内容产业、信息服务产业、信息基础设施等共同向纵深发展。因此预计国内电子信息产业对铜产品的需求年均增长速度有可能在10%以上，预计“十二五”规划期间每年新增铜需求量在75万吨左右。

电器行业：为了巩固中国作为世界家用产品和日用消费品制造的中心地位，未来几年，这些领域对铜产品的需求将保持5%~6%左右的增长速度，2015年的消费量在160万吨左右。

建筑、交通运输及其他领域等对精铜需求量预计2015年的消费量约在150万吨。

综上所述，预计到2015年中国对精炼铜的总需求量在835万吨左右，年均递增6.7%。

# 第六篇

# 铜产业情况

## 第一章　产业政策

### 第一节　主要的政策法规

为加快产业结构调整，促进铜工业的持续协调健康发展，加强环境保护，综合利用资源，国家相关部门发布了一系列的产业政策，规范铜工业的发展。

2005 年 11 月，国务院办公厅转发《国家发展改革委等部门关于制止铜冶炼行业盲目投资若干意见的通知》（国办发［2005］54 号），针对当时铜冶炼产能过快增长而制定遏制盲目投资的措施，该措施成为后来制定铜冶炼行业准入条件的蓝本。

2005 年 12 月，国家发展和改革委员会发布《产业结构调整指导目录（2005 年本）》（国家发展改革委令第 40 号），将单系列 10 万吨以下铜冶炼项目列为限制类，密闭鼓风炉、电炉、反射炉炼铜工艺及设备列为淘汰类。

2006 年 6 月 30 日，国家发展和改革委员会发布《铜冶炼行业准入条件》（国家发改委公告2006年第40号），正式设定铜冶炼行业准入门槛。

2006年11月，国家发展改革委印发《关于进一步贯彻落实加快产业结构调整措施遏制铜冶炼投资盲目过快增长的紧急通知》（发改运行［2006］2639号），巩固成果，强调政策。

2007年3月国家发展改革委印发《关于加强铜冶炼企业行业准入管理工作的通知》（发改运行［2007］518号），为公布准入企业名单作准备。

2007年底国家发改委公布了符合《铜冶炼行业准入条件》的企业名单（第一批）（国家发改委公告2008年第5号），有7家铜矿粗炼的大型铜企业列入其中，公示审核的相关规定，由发改委运行局转移到工信部原材料司。

## 一、铜冶炼行业准入条件

### （一）企业布局及规模和外部条件要求

在国家法律、法规、行政规章及规划确定或县级以上人民政府批准的饮用水水源保护区、自然保护区、风景名胜区、生态功能保护区等需要特殊保护的地区，大中城市及其近郊，居民集中区，疗养地，医院，食品、药品、电子等对环境质量要求高的企业周边1公里内，不得新建铜冶炼企业及生产装备。

新建或者改建的铜冶炼项目必须符合环保、节能、资源管理等方面的法律、法规，符合国家产业政策和规划要求，符合土地利用总体规划、土地供应政策和土地使用标准的规定。

单系统铜熔炼能力在10万吨/年及以上，落实铜精矿、交通运输等外部生产条件，自有矿山原料比例达到25%以上（或者自有矿山原料和通过合资合作方式取得5年以上矿山长期合同的原料达到总需求的40%以上），项目资本金比例达到35%及以上。

（二）工艺和装备

采用先进的闪速熔炼、顶吹熔炼、诺兰达熔炼以及具有自主知识产权的白银炉熔炼、合成炉熔炼、底吹熔炼等生产效率高、工艺先进、能耗低、环保达标、资源综合利用效果好的富氧熔池熔炼或者富氧漂浮熔炼工艺。

必须有制酸、资源综合利用、节能等设施。火法熔炼须配置烟气制酸、收尘及余热回收设施；烟气制酸须采用稀酸洗净化、双转双吸（或三转三吸）工艺，严禁采用热浓酸洗工艺。设计选用的冶炼尾气余热回收、收尘工艺及设备必须满足国家《节约能源法》《清洁生产促进法》《环境保护法》等法律法规的要求。

禁止利用直接燃煤的反射炉熔炼废杂铜。在矿产粗铜熔炼工艺和装备方面，依法立即淘汰现有的1.5$m^2$及以下密闭鼓风炉，2006年底前淘汰反射炉、电炉和1.5～10$m^2$（不含10$m^2$）熔炼用密闭鼓风炉，2007年底前淘汰所有鼓风炉。

（三）能源消耗

新建铜冶炼企业：粗铜冶炼工艺综合能耗550kg标准

煤/t以下。电解精炼（含电解液净化）部分综合能耗在250kg标准煤/t以下。电铜直流电耗285kW·h/t以下。

现有铜冶炼企业：粗铜冶炼综合能耗900kg标准煤/t以下。电铜直流电耗310kW·h/t以下。现有冶炼企业要通过技术改造实现节能降耗，在准入条件发布两年内达到新建企业能耗标准。

（四）资源综合利用

新建企业铜冶炼总回收率达到97%以上；粗铜冶炼回收率98%以上；水循环利用率95%以上，吨铜新水消耗25t以下；占地面积低于$4m^2$/t铜。铜冶炼硫的总捕集率达98%以上；硫的回收率达到96%以上。

现有企业的铜冶炼总回收率达到96%以上；粗铜冶炼回收率97%以上；水循环利用率90%以上，吨铜新水消耗28t以下。铜冶炼硫的总捕集率达98%以上。硫的回收率达到95%以上，并通过技术改造降低资源消耗，在准入条件发布两年内达到新建企业标准。

（五）环境保护

根据《中华人民共和国环境保护法》等有关法律法规，所有新建、改建项目必须严格执行环境影响评价制度，持证排污（尚未实行排污许可证制度的地区除外），达标排放。环保部门对现有铜冶炼企业执行环保标准情况进行监督检查，定期发布环保不达标生产企业名单，对达不到排放标准或超过排污总量的企业决定限期治理，治理不合格的，应由地方人民政府依法决定给予停产或关闭处理。

铜冶炼污染物排放要符合国家《工业炉窑大气污染物排放标准》(GB 9078—1996)《污水综合排放标准》(GB 8978—1996)和有关地方标准的规定。

（六）安全生产与劳动卫生

必须具备国家安全生产法律、法规和部门规章及标准规定的安全生产条件，并建立、健全安全生产责任制；新建、改建项目安全设施必须与主体工程同时设计、同时施工、同时投入生产和使用，制酸、制氧系统项目及安全设施在设计、投入生产和使用前，要依法经过安全生产管理部门审查、验收。必须建立劳动保护与工业卫生的设施，建立健全相关制度，必须通过地方行政主管部门组织的专项验收。

（七）监督管理

新建和改造铜冶炼项目必须符合上述准入条件。铜冶炼项目的投资管理、土地供应、融资、环境影响评价等手续必须依据准入条件的规定办理。建设单位必须按照国家环保总局有关分级审批的规定报批环境影响报告书，粗铜冶炼项目的环评报告书必须按照规定向国家环保总局报批。符合产业政策的现有铜冶炼企业要通过技术改造达到新建企业在资源综合利用、能耗、环保等方面的准入条件。

新建或改建铜冶炼项目投产前，要经省级及以上投资、土地、环保、安全生产、劳动卫生、质检等行政主管部门和有关专家组成的联合检查组监督检查，检查工作要按照准入条件要求进行。经检查认为未达到准入条件的，投资主管部门应责令建设单位根据设计要求限期完善有关建设内容。对不符合环保要求的，环境保护主管部门要根据有关法律、法规进行处罚，并限期整改；对未依法取得土地或者土地利用不符合有关规定的，要按照土地管理法规或土地使用合同的约定予以处罚，限期整改，且不得发放土地使用权证书。

新建铜冶炼生产能力须经过有关部门验收合格后，按照有关规定办理《排污许可证》（尚未实行排污许可证的地区除外），企业方可进行生产和销售等经营活动。涉及制酸、制氧系统的，应按照有关规定办理《危险化学品生产企业安全生产许可证》。现有生产企业改扩建的生产能力经省级有关部门验收合格后，也要按照规定办理《排污许可证》和《危险化学品生产企业安全生产许可证》等相关手续。

各地区发展改革委、经委（经贸委）、工业办和环保、工商、安全生产、劳动卫生等有关管理和执法部门要定期对本地区铜冶炼企业执行准入条件的情况进行督查。中国有色金属工业协会协助有关部门做好跟踪监督工作。

对不符合产业政策和准入条件的铜冶炼新建与改造项目，投资管理部门不得备案，土地行政主管部门不得办理供地手续，环保部门不得批准环境影响评价报告，金融机构不得提供授信，电力部门依法停止供电。依法撤销或责令关闭的企业，要及时到工商行政管理部门依法办理变更登记或注销登记。

国家发展改革委定期公告符合准入条件的铜冶炼生产企

业名单，实行社会监督并进行动态管理。

## 二、有关铜行业《产业结构调整目录（2011年本）》

根据国家发改委发布的《产业结构调整目录（2011年本)》精神，现就有关铜行业的产业结构调整目录分述如下：

（一）鼓励类

（1）有色金属现有矿山接替资源勘探开发，紧缺资源的深部及难采矿床开采。

（2）高效、低耗、低污染、新型冶炼技术开发。

（3）高效、节能、低污染、规模化再生资源回收与综合利用。主要包括：1）废杂有色金属回收；2）有价元素的综合利用；3）赤泥及其他冶炼废渣综合利用。

（4）信息、新能源有色金属新材料生产。如铝铜硅钨钼等大规格高纯靶材、超大规模集成电路铜镍硅和铜铬锆引线框架材料、电子焊料等。

（5）交通运输、高端制造及其他领域有色金属新材料生产：

1）交通运输：抗压强度不低于500MPa、电导率不低于80%IACS的铜合金精密带材和超长线材制品等高强高导铜合金，交通运输工具主承力结构用的新型高强、高韧、耐蚀铝合金材料及大尺寸制品（航空用铝合金抗压强度不低于650MPa，高速列车用铝合金抗压强度不低于500MPa)；

2）高端制造及其他领域：耐蚀热交换器用铜合金及钛合金材料。

（6）环境保护与资源节约综合利用：

1）矿山生态环境恢复工程；

2）区域性废旧汽车、废旧电器电子产品、废旧船舶、废钢铁、废旧木材等资源循环利用基地建设；

3）“三废”综合利用及治理工程；

4）高效、节能采矿、选矿技术（药剂）；

5）鼓励推广共生、伴生矿产资源中有价元素的分离及综合利用技术；

6）低品位、复杂、难处理矿的开发及综合利用；

7）尾矿、废渣等资源的综合利用；

8）再生资源回收利用产业化；

9）废旧电器电子产品、废印刷电路板、废旧电池、废旧船舶、废旧农机、废塑料、废橡胶、废弃油脂等再生资源循环利用技术与设备开发；

10）废旧汽车、工程机械、矿山机械、机床产品、农业机械、船舶等废旧机电产品及零部件再利用、再制造，墨盒、有机光导鼓的再制造（再填充）；

11）综合利用技术设备：4000 马力以上废钢破碎生产线，废塑料复合材料回收处理成套装备（回收率 95% 以上），轻烃类石化副产物综合利用技术装备，生物质能技术装备（发电、制油、沼气），硫回收装备（低温克劳斯法）；

12）高效、节能、环保采选矿技术。

（二）限制类

单系列10万吨/年规模以下粗铜冶炼项目。

（三）淘汰类

（1）鼓风炉、电炉、反射炉炼铜工艺及设备（2011年）。

（2）烟气制酸干法净化和热浓酸洗涤技术。

（3）再生有色金属生产中采用直接燃煤的反射炉项目。

（4）铜线杆（黑杆）生产工艺。

（5）无烟气治理措施的再生铜焚烧工艺及设备。

（6）50t以下传统固定式反射炉再生铜生产工艺及设备。

（四）不属于鼓励类、限制类和淘汰类三类目录，且符合国家有关法律、法规和政策规定的为允许类，允许类不列入《产业结构调整指导目录》

## 第二节 铜行业标准

### 一、能源消耗标准

（1）国家发改委2006年第40号公告要求2008年7月1日现有铜冶炼厂必须达到的能耗标准为：

粗铜能耗小于550kg标煤/t；

电解精炼小于250kg标煤/t。

（2）国家批准执行的铜冶炼企业单位产品能耗限额标准如表6-1所示。

**表 6-1 铜冶炼企业单位产品能耗限额**

（kg 标煤/t）

<table>
<tr><th colspan="2" rowspan="2">工序/工艺</th><th colspan="2">能耗限额</th><th colspan="2">能耗限额准入值</th><th colspan="2">能耗限额先进值</th></tr>
<tr><th>工艺能耗</th><th>综合能耗</th><th>工艺能耗</th><th>综合能耗</th><th>工艺能耗</th><th>综合能耗</th></tr>
<tr><td colspan="2">粗铜工艺（铜精矿-粗铜）</td><td>≤750</td><td>≤800</td><td>≤500</td><td>≤530</td><td>≤330</td><td>≤340</td></tr>
<tr><td colspan="2">阳极铜工艺（铜精矿-阳极铜）</td><td>≤800</td><td>≤850</td><td>≤550</td><td>≤580</td><td>≤380</td><td>≤390</td></tr>
<tr><td colspan="2">电解工序（阳极铜-阴极铜）</td><td>≤210</td><td>≤220</td><td>≤160</td><td>≤170</td><td>≤120</td><td>≤130</td></tr>
<tr><td colspan="2">铜冶炼工艺（铜精矿-阴极铜）</td><td>≤900</td><td>≤950</td><td>≤660</td><td>≤700</td><td>≤530</td><td>≤550</td></tr>
<tr><td colspan="2">粗铜工艺（杂铜-粗铜）</td><td>—</td><td>≤340</td><td>—</td><td>≤300</td><td>—</td><td>≤230</td></tr>
<tr><td rowspan="2">阳极铜工艺</td><td>（杂铜-阳极铜）</td><td>—</td><td>≤390</td><td>—</td><td>≤350</td><td>—</td><td>≤290</td></tr>
<tr><td>（粗铜-阳极铜）</td><td>—</td><td>≤300</td><td>—</td><td>≤280</td><td>—</td><td>≤230</td></tr>
<tr><td rowspan="2">铜精炼工艺</td><td>（杂铜-阴极铜）</td><td>—</td><td>≤510</td><td>—</td><td>≤470</td><td>—</td><td>≤400</td></tr>
<tr><td>（粗铜-阴极铜）</td><td>—</td><td>≤420</td><td>—</td><td>≤400</td><td>—</td><td>≤350</td></tr>
</table>

注：各工艺中回收的余热量和余热发电量输出时应予以扣除。

### 二、环境排放标准

国内当前铜冶炼行业环境排放按照国家标准《铜、镍、钴工业污染物排放标准》（GB 25467—2010）执行。

# 第二章 产业结构

## 第一节 行 业 规 模

据有色协会统计，2012 年中国铜矿采选业共实现工业总产值（现价）706.42亿元，较2011年同期增加了96亿元；工业销售产值（当年价格）694.62亿元，同比增加105亿元。铜冶炼业共实现工业总产值（现价）5316亿元，是2000年规模以上铜冶炼企业实现工业总产值（现价）322亿元的16.5倍；工业销售产值（当年价格）5178亿元，同比增长312亿元。

## 第二节 产业集中度

### 一、铜冶炼产业结构

据有色协会统计，2010年中国前10名的铜冶炼企业精炼铜产量达到329.85万吨，占总产量的72.12%，比2009年的77.18%有所下降。但是，企业之间的产量差距更加明显，前2名的企业产量超过了80万吨，其中位居第一的企业产量达到90.2万吨，其粗炼产能和精炼产能在世界名列前茅。发展趋势是集中度会越来越高。

### 二、铜加工产业结构

据不完全统计，2003年中国铜加工企业有1300余家（含冶炼加工联合企业），铜加工生产能力达到377万吨/年，有半数以上企业集中在浙江、江苏、上海、广东等经济发达地区。在这些企业中，只有3家企业产量超过10万吨。到2009年，中国铜加工企业总数在1200家左右，生产能力超过1000万吨，有8家年产10万吨以上铜材的企业，但从产业结构来看，铜加工企业主要以中小企业为主。

### 三、再生铜产业结构

据初步测算，中国再生铜企业为2000多家，产业结构呈金字塔形。其中，利用量在10万吨以上的只有2家；5万~10万吨的有6家；年利用废铜在5000t以下的小型再生铜厂，是中国再生铜产业的主流，企业数量约为2000家。

## 第三节 存在的主要问题

### 一、资源保障不足，原料自给率低

中国铜资源不足，将在相当长的时期内是无法改变的事实。虽然中国发现铜资源量逐年增长，但由于找矿对象逐步向难发现、难识别、难勘查、难开发的隐伏矿、复杂类型矿床、低品位矿、偏远地区等方面转化，矿产资源量向储量方面的转化和升级速度十分缓慢，铜矿产后备储量呈持续下降态势。据统计，2008年中国铜矿储量为1457.29万吨，较2007年储量下降了47万吨。可供经济利用的储量占查明资源量的比例由2005年的24%下降至18%。静态开采年限由2005年的31年，下降至2008年的14年。

2002年以来，中国铜矿产原料自给率持续降低，2010年已下降到40%，较2002年的45.5%明显下降，如表6-2

所示，资源矛盾尤为突出。虽然近几年铜矿的开采力度不断加大，但受资源禀赋、开采条件的限制，短期内难有大的突破。

表 6-2 国内矿产原料占国内精铜产量的比例

（万吨）

| 年份 | 2002年 | 2003年 | 2004年 | 2005年 | 2006年 | 2007年 | 2008年 | 2009年 | 2010年 | 2011年 | 2012年 |
|---|---|---|---|---|---|---|---|---|---|---|---|
| 铜精矿含铜量 | 56.81 | 60.44 | 74.22 | 76.16 | 87.29 | 92.8 | 107.6 | 96.15 | 115.58 | 127.2 | 160.2 |
| 矿产铜 | 125 | 141 | 158 | 184 | 199 | 235 | 258 | 263 | 285 | 336.2 | 393.9 |
| 自给率/% | 45.45 | 42.87 | 46.97 | 41.39 | 43.86 | 39.49 | 41.71 | 36.56 | 40.55 | 37.83 | 40.67 |

注：资料来源于 CNIA。

## 二、产能增长过快，产业结构失衡

冶炼和加工的过快发展使得中国铜工业结构性矛盾日益突出。据统计显示，2003 年中国矿山出矿能力 58.7 万吨，国内废铜回收 56 万吨，冶炼能力 214 万吨，加工能力 377 万吨，结构比例为 1∶1.8∶3.2。到 2010 年，结构比例将变为 1∶3∶5.5。预计到 2015 年中国将形成 880 万吨的铜冶炼能力和 1300 万吨的加工能力。矿山能力与下游冶炼、加工比例还将呈继续扩大趋势。

## 三、国际贸易保护主义有所抬头

2009 年底美国铜管企业就中国出口的铜管材提起了反

倾销诉讼，2010 年 5 月美国商务部对来自中国无缝精炼铜管材倾销调查的初步裁定为，对中国无缝精炼铜管材征反倾销税，税率为 10.26% ~60.50%。中国铜管材面临着退出美国市场的窘境。当前针对中国的贸易保护主义呈现新特点，摩擦产品从低端向高端延伸，保护主义的手段从贸易转向知识产权、环保、技术标准、投资等。一些国家把对中国采取贸易保护措施作为政治手段。可以预见未来几年中国铜加工行业出口产品，参与国际竞争方面将面临更大的挑战。

### 四、科技投入有待加大

目前中国是世界最大的精炼铜和铜材生产国，但是中国铜工业大而不强，特别突出表现在技术研发和创新的能力不强，产品仍以中低端的较多，高精尖的产品依然需要进口。中国铜工业的技术自主研发和创新能力总体上落后于发达国家，主要原因是科技投入不足，落实情况不佳，更缺乏人才培养观念。由于铜加工和再生铜行业中企业规模普遍偏小，所以企业在科技研发的资金投入方面不足。

# 第三章 未来产业发展趋势

## 第一节 产业梯度转移加快

产业梯度转移是中国工业所面临的普遍形势。铜工业方面，目前东部沿海地区的铜加工、再生铜企业正在加快向江西、安徽、湖南、河南等中西部省份进行产业梯度转移，铜加工园区、回收再生园区都在这些省份陆续建立起来。预计“十二五”规划期间，随着东部沿海地区的产业升级，中西部地区利用劳动力、土地等要素成本低的优势承接产业转移的步伐将进一步加快。

## 第二节　企业重组继续深化

当前中国铜工业正处在一个机遇与风险并存的重要转型时期，现有产业结构不能适应铜资源开发、技术创新、产品研发和国际竞争等方面的需要，难以在新形势下发挥有力的作用，企业间重组深化，优化产业结构，提高行业竞争力成为中国铜工业发展的趋势之一。“十一五”规划期间，中国铜工业的企业重组不断深化，部分大型骨干企业已在积极参与铜工业的战略重组和整合。例如，中国铝业公司先后重组洛阳铜加工集团和上海有色公司，并参与投资大冶铜板带项目，已经成为国内最有实力的铜板带加工企业。2007 年中国铝业公司入主云南铜业集团公司，使其上下游铜产业链板块初步形成。此外，中国冶金科工集团公司先后组建了以资源开发为主业的中冶集团铜锌有限公司和中冶集团华冶资源开发有限责任公司，实现了在国内外铜资源开发进程中的战略转型。中国有色矿业集团重组大冶有色金属公司。

## 第三节　国际化经营成趋势

经济全球化是当代世界经济的重要特征之一，也是世界经济发展的重要趋势。随着经济全球化，当今铜矿资源开发、冶炼、加工已经打破国界，形成了跨国生产经营的格局，出现了一批生产经营跨国的铜业公司。通过战略重组、收购、兼并、联合，组建更大规模的联合企业，实现规模化运营，在全球范围内优化配置资源，逐步增强了国际化运营实力，这些跨国矿业公司对铜矿产资源的控制能力得到明显提升。对于铜资源对外依存度高、产品市场融通性高的中国，需要具有实力的企业加快并购重组步伐，注重在全球范围内整合配置资源，打造全球性产业链，形成全球发展战略。

# 第七篇

# 主要铜生产企业介绍

## 第一章　国内主要冶炼企业介绍

### 第一节　江西铜业集团公司

江西铜业集团公司成立于1979年7月，总部设在江西省贵溪市，是中国有色金属行业铜采矿、选矿、冶炼、加工特大型联合企业，是中国最大的铜生产商和供应商，位列全球十大铜生产商之列，不仅是中国最大的铜生产基地，还是中国最大的伴生金、银生产基地和中国最重要的硫化工原料及金银产地，目前江铜精炼产能达到90万吨，铜加工能力达到50万吨。

江西铜业集团冶炼工艺采用奥托昆普闪速熔炼技术，江铜的生产及经营范围涉及有色金属、精细化工、机械铸造、物流运输、期货经纪、井巷工程、地质勘探、国际贸易等多个行业，主要产品涵盖阴极铜、黄金、白银、硫酸、铜杆、电线、电缆、铜箔、硒、碲、铼、氧化砷等100多个品种。

为规范公司管理，实现科学发展，2008年江铜完成了整体上市，江西铜业集团公司与江西铜业股份公司管理机构实现合二为一，并以事业部制为基本的框架，设置组织与管理机构。江西铜业股份有限公司下属的单位有德兴铜矿等八家矿山，贵溪冶炼厂等三家冶炼厂，江铜耶兹铜箔等四家铜加工企业，稀散金属生产单位，以及财务公司、物流公司等支持服务体系。江西铜业集团公司主要承担新业务开发以及后勤、社区等业务。

## 第二节　铜陵有色金属（集团）公司

铜陵有色金属（集团）公司于1952年6月投产，是新中国最早建设起来的铜工业基地之一，坐落在中国青铜文化发祥地的安徽省铜陵市。经过半个世纪的建设，现已发展成为以铜金属采、选、炼、加工为主，集经营贸易、科研设计、机械制造、建筑安装、井巷施工、旅游服务为一体的特大型联合企业集团。

公司现为全国300家重点扶持和安徽省重点培育的大型企业集团之一。2007年，公司实现销售收入420亿元，实现利税总额33亿元。进出口贸易总额达到28.29亿美元，连续10年保持全国铜行业首位。主产品阴极铜产量达到62万吨，位居世界铜精炼企业前列。公司名列2008年中国企业500强第108位、中国制造业500强第47位、中国有色金属企业第4位和安徽省企业100强第2位。

铜陵有色与世界30多个国家和地区建立了经济技术和

贸易合作关系，数十种产品分别出口到日本、德国、美国、新加坡等10个国家和地区。公司现为全国有外贸经营权100强企业，进出口贸易总额名列中国进出口额最大500强企业之一。

## 第三节 云南铜业（集团）有限公司

云南铜业集团是以铜金属的地质勘探、采矿选矿、冶炼加工、科技研发、进出口贸易为主的有色金属企业。现有全资、控股企业34个，参股企业19个，从业人员约2万人，总资产445亿元，净资产179.8亿元。公司拥有19个系列、180余种产品。2007年完成有色金属产品产量55.5万吨，实现销售收入392亿元，实现利税27.35亿元（其中利润6.28亿元，税金23.78亿元）。

2007年排中国企业500强115位，中国有色金属工业企业50强第5位，中国制造业企业500强第50位，中国企业效益200佳第102位，中国企业纳税200佳142位，进出口贸易额连续7年保持云南省第一。在2008年9月8日云南省百强企业排序发布会上，云南铜业集团以398.7997亿元的营业收入位列云南省2007年度100强企业第2位。

集团公司先后荣获“全国五一劳动奖状”、“全国模范劳动关系和谐企业”、“全国厂务公开先进单位”、“全国关闭破产实施再就业先进集体”、“中国理财名企”、“中国企业信息化TOP100”奖、“全国企业文化建设优秀奖”、“全省国企改革先进单位”、“云南最具影响力的企业”、云南省地方工业企业（集团）销售收入超千亿元唯一“特别贡献奖”、“云南省先进基层党组织”等荣誉。

2007年10月30日，云铜集团成功与中铝公司实现战略合作，云铜将获得中铝公司在资源、资金、深加工、管理经验及市场平台的巨大支持。在新的发展平台上，云铜集团确立了“科学发展，构建一流企业；做强做优，打造百年云铜”的战略发展目标和“严、细、实、新、恒、齐”的管理理念，将依靠资源、技术、品牌、资金、人才和管理优势，构建起集铜金属地质、采选、冶炼与深加工于一体的完整产业链，开创国内国际市场竞争新的格局，为云南社会经济和中国有色金属又好又快发展做出新的贡献。

## 第四节　金川集团有限公司

金川集团有限公司成立于1961年，金川集团有限公司是采、选、冶、化配套的大型有色冶金、化工联合企业，生产镍、铜、钴、稀有贵金属和硫酸、烧碱、液氯、盐酸、亚硫酸钠等化工产品以及有色金属深加工产品，已形成年产镍15万吨、铜40万吨、钴10000t、铂族金属8000kg、金8t、银150t、硒50t及150万吨无机化工产品的综合生产能力，公司以镍品种齐全、产品质量优秀闻名于全球镍钴行业，是全球主要的镍钴生产企业。在中国企业联合会、中国企业家协会公布的2007年中国企业500强年度排行榜中，金川集团公司以营业收入354亿元荣列第107位，同时也荣列2007年中国制造企业500强第44位，在甘肃省上榜企业中排名第一。

公司高度重视产品质量及商标品牌工作，通过深入贯彻科学发展观，坚持扩大经济总量和提高经济增长质量的总方针，依靠科技进步，立足全球发展，大力推进名牌战略，树立企业品牌形象，为公司实施国际化经营战略提供了强有力的支持。近几年，公司先后开展了“成本质量管理年”、“制度·效率管理年”、“节能降耗管理年”和争创“全国质量奖”等活动，这些活动步步为营，环环紧扣，全面提升了企业管理水平。公司依据ISO9001：2000标准实施了质量体系换版，建立了质量保证体系；公司检测中心已通过了中国实验室国家认可委员会认可；“金驼”牌商标被国家工商总局商标局认定为中国“驰名商标”；2003年，公司荣获全国质量效益型先进企业称号；2005年，“金驼”牌电解镍获得中国名牌和国家免检产品称号；公司荣获2007年全国质量工作先进单位；在刚刚公布的2007年中国名牌产品中，金川集团公司的JNMC高纯阴极铜产品榜上有名。

## 第五节 大冶有色金属公司

大冶有色金属公司系湖北省重点骨干企业，位于中国青铜文化发祥地——湖北省黄石市。公司始创于1953年，是国家“一五”时期建设的156重点项目之一。经过50多年的发展，公司已成长为中国铜工业一支重要的生力军，成为集采矿、选矿、冶炼、化工、压延加工、余热发电、综合回收、科研设计、地勘井巷、建筑安装、机械修造、动力运输等于一体的国有特大型铜业联合企业。公司下辖13家控股子公司、全资子公司和2家参股公司，所属企业遍及国内鄂东南、长三角、珠三角、湖南、新疆、香港等广大地区和吉尔吉斯斯坦、蒙古等国，业务范围遍及世界各地。2008年实现销售收入188亿元。按阴极铜产量和销售收入计位居全国第四。

公司主要产品为阴极铜，以及黄金、白银、硫酸、铁精矿等综合利用产品。目前公司的生产能力为：采矿240万吨，选矿342万吨，阴极铜38万吨，黄金10t，白银300t，硫酸60万吨，铁精矿35万吨，低氧铜杆10万吨，铜管6万吨。此外还生产一定数量的铂、钯、钼、硒、铅、铋、硫酸镍等稀贵金属产品。

公司通过了ISO 9000质量体系认证，“大江”牌注册商标被认定为中国驰名商标和湖北省著名商标；“大江”牌阴极铜获中国名牌产品、国家免检产品称号，并于2008年10月在伦敦金属交易所成功注册；“大江”牌标准金锭获上海期货交易所首批黄金期货注册认定；“大江”牌白银在伦敦贵金属交易所注册交易。

公司先后获得各级授予的大量荣誉：“2008年中国500强企业”“全国外贸质量效益型先进企业”“全国质量管理活动优秀企业”“全国重合同守信用企业”“湖北省优秀企业”

"湖北省质量效益型先进企业",公司党委被湖北省委授予"先进基层党组织"称号,并被评为"湖北省最佳文明单位"和"全省思想政治工作先进单位"等。

# 第二章 主要铜加工企业介绍

## 第一节 海亮集团有限公司

海亮集团有限公司（以下简称"海亮"或"公司"）创办于1989年8月，集团总部位于浙江省诸暨市。创业20年来，海亮人秉承"高效、卓越、服务、奉献"的企业精神，坚持以人为本，科学发展，持续推进"国际化战略，品牌战略和资本运作战略"，实现了持续、稳健、和谐发展。公司现有员工13800人，创造了上百亿的资产，拥有（控股）58家子公司，现已发展成以铜加工、房地产、金属贸易、矿产开发、基础教育、商业百货等为主体的国际化大型民营企业集团。

浙江海亮股份有限公司（股票代码：002203）在同类上市公司中，业绩一枝独秀，已成为全球知名铜加工企业，全球最大的合金铜管生产企业；海亮进入房地产行业短短五年时间，已进入自我壮大、滚动发展的良性轨道，跻身中国房地产百强企业；矿产开发是海亮的中长期投资方向，把铜加工龙头企业发展壮大成从矿山、冶炼、加工到深加工的一体化转型是公司未来的发展目标，目前在新疆、内蒙古等地都有投资项目；在全球最大的有色金属现货市场——上海物贸大厦，海亮有色金属贸易量已居同行首列，行业领头羊的地位日益凸显；海亮教育集团现拥有三大校区，共有在校师生1.6万余人，已成为中国最大的民办中小学。

2008年海亮实现营业收入303.27亿元，利税11.65亿元，自营进出口14.81亿美元，综合实力位居中国企业500强第196位，中国民营企业500强第7位，浙江省百强企业第10位。海亮荣获“全国五一劳动奖状”、“全国用户满意企业”、“全国名优特产品售后服务先进单位”、“全国模范劳动关系和谐企业”、连续6年“全国安康杯竞赛优胜奖”等荣誉称号。

## 第二节 金龙精密铜管集团股份有限公司

金龙铜管集团自1987年5月8日成立以来，历经新乡无氧铜材总厂、凯虹集团、河南金龙精密铜管股份有限公司，至2004年9月29日，金龙铜管集团（简称金龙集团）成立。

金龙集团主营产品有空调与制冷行业用各类高精度高效铜管盘管系列产品：制冷用精密铝管、微通道铝扁管及锂动车辆用铝材系列产品；锂电隔膜、锂离子动力电池及正负极材料系列产品；大功率锂电动车辆系列产品；铅锌、锰、金、镍等矿产资源系列产品等，形成了上下游与跨行业相互关联及延伸的五大支柱性产业链，供应着中国以及世界市场。

目前，金龙集团以良好的经营业绩，优秀的企业文化，成为目前世界最大的精密铜管生产厂家和最具实力的科研开发创新基地，领军国际制冷精密铜管制造业，2008 年集团实现销售收入 160 亿元，经济规模位列中国有色金属行业 20 强、河南工业企业 10 强、中国企业 500 强和中国制造业 500 强企业行列。

## 第三节 中铝洛阳铜业有限公司

中铝洛阳铜业有限公司（简称中铝洛阳铜业）坐落在素有“千年帝都、牡丹花城”的洛阳，是由中国铝业公司、洛阳市国资委共同出资组建的新公司，承继了洛阳铜加工集团有限责任公司主体资产。公司现有总资产 34 亿元人民币，拥有铜精炼、铜及铜合金加工、铝镁材加工、有色加工设备制造等生产系统，拥有国家级企业技术中心、国家级重有色金属检测试验中心等研发检测机构。

中铝洛阳铜业主要产品有铜及铜合金板、带、箔、管、棒、型、线材、铝镁板带材、电解铜等。可生产有色加工材合金牌号 170 余个，品种 760 余个，规格上万种。产品广泛应用于航空、航天、舰船、军工、冶金、电子、机电、纺织、交通、建筑、化工、轻工、能源等国民经济各领域，为国家国民经济发展和国防军工事业做出了突出贡献。

在公司发展过程中，中铝洛阳铜业陆续从欧洲发达国家引进近60台（套）先进的生产设备和检测仪器，持续对铜熔铸、铜板带、铝板带、铜盘管和大口径管棒等多条生产线进行持续地技术改造，装备水平始终保持国内领先，主体生产线达到世界一流水平，为公司产品质量持续提升和品种的不断创新、实现企业的可持续发展提供了有力保障。

中铝洛阳铜业现有年产有色加工材12万吨、电解铜5万吨的生产能力，是中国现阶段最具有影响力的综合性铜加工企业，在产销规模、生产工艺、产品品种、产品质量、技术装备、人员素质、销售收入、实现利税等方面始终处于国内铜加工行业的领先地位，并在国际铜加工业具有一定的影响力。

中铝洛阳铜业拥有中国铜加工行业国家级企业技术中心，公司相继通过了ISO9002：1994、ISO9001：2000质量体系认证、ISO14001：2004、OHSAS18001：1999环境和职业健康安全管理体系认证和中国船级社CCS工厂认可，2007年9月，公司生产的铜及铜合金带材荣获“中国名牌产品”称号。中铝洛阳铜业以强大的技术创新能力引领行业技术发展方向，先后承担了“863”计划项目、重大科技攻关项目等国家级项目，取得了近百项工艺技术、产品开发的科研创新成果，研制出一大批涉及电子、通讯、现代交通、环保能源、生物工程等高新技术领域和朝阳产业用高性能铜合金产品。如欧元造币材料、变压器铜带、引线框架材料带、射频电缆带、高炉用铜冷却壁板、含银无氧铜板、汽车同步器齿环管、大口径白铜管等，促进了中国基础材料工业的快速发展。

## 第四节　宁波金田铜业（集团）股份有限公司

宁波金田投资控股有限公司始建于1986年10月。目前已发展成为占地2000多亩、拥有员工近5000人、总资产30多亿元的大型企业集团。

公司产业涉足铜加工冶炼、建筑材料、高新材料、加工贸易、房地产等领域，主要产品有标准阴极铜、无氧铜线、各类铜丝、铜棒、铜板、铜带、铜管、漆包线、阀门、水表、磁性材料等，产品产量均居行业前列，并畅销国内20多个省市，远销30多个国家和地区。金田注册商标和“杰克龙”注册商标被评为“中国驰名商标”。2008年实现销售收入255亿元，利税9.46亿元。

公司拥有各类科技人员500多名，通过了SGS机构的ISO9001：2000质量体系认证，各种产品质量均达到国家标准，阴极铜、铜管、铜棒、铜线为浙江省名牌产品，其他产品为宁波市名牌产品。公司以“清洁生产，绿色金田”为环境理念，投入大量资金用于环境保护和生态建设，通过了浙江省清洁生产审核和SGS机构的ISO14001：2004环境体系认证，并多次被评为省绿色企业（清洁生产先进企业）、市节能减排标兵企业，荣获“宁波市环境友好特别奖”，被列为“全国循环经济”试点单位和“全国工业旅游示范点”。

公司倡导“家庭式的人际关系，军队式的组织纪律，学校式的教育培训”，确立了“企业发展、职工富裕”的发展理念，通过实施人性化管理，推行OHSAS18001职业健康安全体系，营造花园式的厂区及舒适的生活、工作环境，大胆选拔任用德才兼备的年轻干部，努力创建和谐的劳动关系。在取得良好经济效益的同时，不忘回报社会，向周边和国内老、少、边、贫等地区捐赠款物，尽企业最大努力安排残疾人就业，积极资助周边学校、敬老院、饮水工程、光彩事业等社会公益事业，关爱残疾弱势群体，设立“金田慈善助残基金”和“金田帮困助学基金”，荣获“全国模范劳动关系和谐企业”称号。

公司先后获得中国优秀民营企业、全国“守合同，重信用”单位、中国十强民营企业、浙江省百强企业、省明星企业、省管理示范企业、省诚信示范企业、资信AAA级企业、首届宁波市市长质量奖、全国实施卓越绩效模式先进企业、纳税50强企业等荣誉。

# 第三章　国外主要生产及贸易企业介绍

## 第一节　智利国家铜业公司（CODELCO）

智利国家铜业公司（Corporation National del Cobre de Chile，简称CODELCO）成立于1976年4月1日，是世界最大的铜生产企业，主要从事铜矿的勘探、开发，铜及其副产品的冶炼、精炼以及销售业务。目前，CODELCO 下属八个分部：Chuquicamata，Radomiro Tomic，Ministro Hales，Salvador，Ventanas，Andina，El Teniente，Gabriela Mistra。2011 年，CODELCO 销售收入 175.2 亿美元，同比增长 9.0%；税前利润 70.3 亿美元，同比增长 21.4%；精铜产量 179.6 万吨，同比增长 2.0%。

官方网站：http://www.codelco.com。

## 第二节　美国自由港·麦克莫兰铜金公司（Freeport McMoRan）

美国自由港·麦克莫兰铜金公司（Freeport McMoRan）总部位于美国亚利桑那州凤凰城，是标普 500 指数的成员。公司主要经营铜、金和钼等产品，是全球最大的上市铜生产商，也是世界上最大的钼生产商。该公司拥有全球铜和金探明储量最大的印度尼西亚 Grasberg 矿山。截至 2010 年 12 月 31 日，公司证明已探明铜储量为 1205 亿磅(约折 5465 万吨)。

官方网站：http://www.fcx.com。

## 第三节　必和必拓（BHP）

必和必拓（BHP）是世界最大的综合性矿业公司，由澳大利亚的布罗肯希尔控股公司（Broken Hill Proprietary Company）和英国的比利顿公司（Billiton）于 2001 年合并而成。

其中占股约60%的澳大利亚公司总部位于墨尔本，占股约40%的英国公司总部位于伦敦。必和必拓在25个国家拥有铁矿石、钻石、煤炭、石油、铜、铀和矾土等开采业务，拥有目前年开采量最大的埃斯孔迪达铜矿（Escondida）和铀储量最多的OlympicDam铀矿。

官方网站：http：//www. bhpbilliton. com。

## 第四节 托克（Trafigura）

托克（Trafigura）是一家荷兰跨国商品贸易公司，成立于1993年，在36个国家拥有55个办事处，是世界第三大私人石油和金属贸易商。

官方网站：http：//www. trafigura. com。

## 第五节 嘉能可（Glencore）

嘉能可（Glencore）是世界最大的商品交易商，成立于1974年，总部位于瑞士，分别在伦敦和香港上市，主要从事金属矿产、能源产品和农产品的生产和营销。金属矿产的经营品种主要包括铝、氧化铝、铜、铅、锌、铁合金、镍、钴和铁矿石，能源产品的经营品种主要包括原油、石油产品、煤炭、焦炭，农产品包括小麦、大麦、玉米、食用油、菜籽油、糖等。

官方网站：http：//www. glencore. com。

## 第六节　斯特拉塔（Xstrata）

斯特拉塔（Xstrata）公司成立于1926年，是世界最大的金属和矿产公司之一，总部位于瑞士楚格，在英国伦敦注册，分别在伦敦和苏黎世上市，在世界20多个国家设有分公司，是世界上最大的煤炭海运出口商，第四大铜生产商。公司在阿根廷、澳大利亚、智利、秘鲁、加拿大等国家拥有8座铜矿山。

官方网站：http：//www. xstrata. com。

## 第七节　英美资源集团（Anglo American）

英美资源集团（Anglo American）是世界领先的矿业和自然资源公司，总部位于伦敦，于1999年5月由南非英美公司（AACSA）和Minorco公司合并组建而成，同时在伦敦和约翰内斯堡上市。公司业务涉及煤炭、黑色金属、有色金属和工业矿物等。

中文官方网站：http：//www. angloamerican. com. cn。

## 参 考 文 献


[1] 汪贻水，王志雄，沈建忠．六十四种有色金属[M]．长沙：中南大学出版社，1998.

[2] 任鸿九，王立川．有色金属提取冶金手册(铜镍)[M]．北京：冶金工业出版社，2000.

[3] 乐颂光，鲁君乐，何静．再生有色金属生产[M]．长沙：中南大学出版社，2006.

[4] 赵国权，贺家齐，王碧文，等．铜回收、再生与加工技术[M]．北京：化学工业出版社，2008.

[5] 有色金属工业概览——铜．国家有色金属工业局行业管理司．

[6] 邱竹贤．有色金属冶金学[M]．北京：冶金工业出版社，1988.

[7] 蒋开喜．有色金属进展（1996～2005）第四卷：重有色金属[M]．长沙：中南大学出版社，2007.

# 附录

## 附录一 64 种有色金属元素

64 种有色金属包括：铝、镁、钾、钠、钙、锶、钡、铜、铅、锌、锡、钴、镍、锑、汞、镉、铋、金、银、铂、钌、铑、钯、锇、铱、铍、锂、铷、铯、钛、锆、铪、钒、铌、钽、钨、钼、镓、铟、铊、锗、铼、镧、铈、镨、钕、钐、铕、钆、铽、镝、钬、铒、铥、镱、镥、钇、钪、硅、硼、硒、碲、砷、钍。

有色金属又分为轻金属、重金属、稀有金属、贵金属和其他有色金属。

（1）轻金属：7 种，铝、镁、钾、钠、钙、锶、钡（其中钾、钠、钙、锶、钡 5 种一般为化工系统的产品）。

（2）重金属：10 种，铜、铅、锌、镍、钴、锡、锑、铋、镉、汞。

（3）稀有金属：35 种，又细分为四类：

1）稀有轻金属 4 种（在稀有金属中密度最小）：锂、铍、铷、铯。

2）稀有难熔金属 8 种（在金属中熔点较高）：钨、钼、钽、铌、钛、锆、铪、钒。

3）稀散金属 7 种（矿体生成极为分散、且多为与其他矿物共生、非经准确的全分析不易发现）：镓、铟、铊、锗、硒、碲、铼（有的分法，将铼分为难熔金属）。

4）稀土金属 16 种（其氧化物似土，故名）：镧、铈、镨、钕、钐、铕、钆、铽、镝、钬、铒、铥、镱、镥、钇、钪。

（4）贵金属：8 种，金、银、钌、铑、钯、锇、铱、铂。

（5）其他有色金属：4 种，硅、砷、硼、钍。

# 附录二 元素周期表

| 周期 | IA | IIA | IIIB | IVB | VB | VIB | VIIB | VIII | VIII | VIII | IB | IIB | IIIA | IVA | VA | VIA | VIIA | |
|---|---|---|---|---|---|---|---|---|---|---|---|---|---|---|---|---|---|---|
| 1 | 1 H 氢 1.0079 | | | | | | | | | | | | | | | | | 2 He 氦 4.0026 |
| 2 | 3 Li 锂 6.941 | 4 Be 铍 9.0122 | | | | | | | | | | | 5 B 硼 10.811 | 6 C 碳 12.011 | 7 N 氮 14.007 | 8 O 氧 15.999 | 9 F 氟 18.998 | 10 Ne 氖 20.17 |
| 3 | 11 Na 钠 22.9898 | 12 Mg 镁 24.305 | | | | | | | | | | | 13 Al 铝 26.982 | 14 Si 硅 28.085 | 15 P 磷 30.974 | 16 S 硫 32.06 | 17 Cl 氯 35.453 | 18 Ar 氩 39.94 |
| 4 | 19 K 钾 39.098 | 20 Ca 钙 40.08 | 21Sc 钪 44.956 | 22 Ti 钛 47.9 | 23 V 钒 50.9415 | 24 Cr 铬 51.996 | 25Mn 锰 54.938 | 26 Fe 铁 55.84 | 27 Co 钴 58.9332 | 28 Ni 镍 58.69 | 29 Cu 铜 63.54 | 30 Zn 锌 65.38 | 31 Ga 镓 69.72 | 32 Ge 锗 72.59 | 33 As 砷 74.9216 | 34 Se 硒 78.9 | 35 Br 溴 79.904 | 36 Kr 氪 83.8 |
| 5 | 37Rb 铷 85.467 | 38 Sr 锶 87.62 | 39 Y 钇 88.906 | 40 Zr 锆 91.22 | 41 Nb 铌 92.9064 | 42Mo 钼 95.94 | 43 Tc 锝 97.99 | 44 Ru 钌 101.07 | 45 Rh 铑 102.906 | 46 Pd 钯 106.42 | 47Ag 银 107.868 | 48Cd 镉 112.41 | 49 In 铟 114.82 | 50 Sn 锡 118.7 | 51Sb 锑 121.7 | 52 Te 碲 127.6 | 53 I 碘 126.905 | 54 Xe 氙 131.3 |
| 6 | 55Cs 铯 132.905 | 56 Ba 钡 137.33 | 57–71 La-Lu 镧系 | 72Hf 铪 178.49 | 73 Ta 钽 180.947 | 74 W 钨 183.8 | 75 Re 铼 186.207 | 76 Os 锇 190.2 | 77 Ir 铱 192.2 | 78 Pt 铂 195.08 | 79Au 金 196.967 | 80Hg 汞 200.5 | 81 Tl 铊 204.3 | 82 Pb 铅 207.2 | 83 Bi 铋 208.98 | 84 Po 钋 (209) | 85 At 砹 (210) | 86 Rn 氡 (222) |
| 7 | 87 Fr 钫 (223) | 88 Ra 镭 (226.03) | 89–103 Ac-Lr 锕系 | 104 Rf 𬬻 (261) | 105Db 𬭊 (262) | 106 Sg 𬭳 (263) | 107Bh 𬭛 (264) | 108 Hs 𬭶 (265) | 109Mt 鿏 (268) | 110 Ds 𫟼 (269) | 111 Rg 𬬭 (272) | 112Cn 鿔 (277) | | | | | | |

| | | | | | | | | | | | | | | | |
|---|---|---|---|---|---|---|---|---|---|---|---|---|---|---|---|
| 镧系 | 57 La 镧 138.905 | 58 Ce 铈 140.12 | 59 Pr 镨 140.91 | 60Nd 钕 144.2 | 61 Pm 钷 (147) | 62Sm 钐 150.4 | 63 Eu 铕 151.96 | 64 Gd 钆 157.25 | 65 Tb 铽 158.93 | 66 Dy 镝 162.5 | 67Ho 钬 164.93 | 68 Er 铒 167.2 | 69Tm 铥 168.934 | 70 Yb 镱 173.0 | 71 Lu 镥 174.96 |
| 锕系 | 89 Ac 锕 (227) | 90 Th 钍 232.0381 | 91Pa 镤 231.03588 | 92 U 铀 238.02891 | 93 Np 镎 (237) | 94 Pu 钚 (239.244) | 95Am 镅 (243) | 96 Cm 锔 (247) | 97 Bk 锫 (247) | 98 Cf 锎 (251) | 99 Es 锿 (252) | 100Fm 镄 (257) | 101Md 钔 (258) | 102 No 锘 (259) | 103 Lr 铹 (260) |